伊東英朗
ITO Hideaki

SILENT FALLOUT

サイレント・フォールアウト

アメリカ核実験を止めた女性たちとその真実

河出書房新社

サイレント・フォールアウト

アメリカ核実験を止めた女性たちとその真実

目次

サイレント・フォールアウト

アメリカ核実験を止めた女性たちとその真実

プロローグ　〝おんちゃんたち〟の無念を晴らしたい

日本は「唯一の戦争被爆国」と言われているが、実際には唯一ではない。かつてアメリカは国内で101回の大気圏内核実験と828回の地下核実験、太平洋の島々でも100回を超える核実験を行った。

「戦争のために行われた」という意味で、核実験の被害者も〝ヒバクシャ〟と言えないだろうか。アメリカに限らず世界中で行われた核実験の地でも同じことが言える。

1950年代から行われた核実験で今も苦しむ人が大勢いて、残留放射線は半世紀以上経った今も残っている。「過去の話」で片付けていい話ではなく、今解決すべき問題で、データはすべてエビデンス（証拠）に基づき実証されている。

ところがアメリカの市民は、自分の国で起きている事実をまったくと言っていいほど知らない。というよりも関心がない。どうしたらアメリカの人たちに核の問題を「自分事」として捉えてもらえるのだろうか――。

僕がこの核の問題を取材し始めたのは2004年、テレビマンとなった44歳の時からだ。じつは僕は最初から映像の世界で働いていたわけではない。よく「どうして？」と聞かれるので、少し自分のことを話しておきたい。

元々は16年間地元の愛媛で公立幼稚園の先生をしていた。教育委員会への異動を命じられたことがきっかけで退職し、妻と3人の子どもたちを愛媛に残して3年間だけ猶予をもらい、単身東京に出て〝天職〟探しの旅に出た。上京するにあたり自分に「1日に3つの仕事を掛け持ちし、睡眠時間2時間とする」と課した。

その一つがテレビの制作会社で、3年半後、地元に戻り放送局に転職。テレビディレクターとして番組をまかされてまもない頃、ある事件と出会った。それが、高知のマグロ漁船が被ばくした事件だった。

1954年3月1日、アメリカはマーシャル諸島ビキニ環礁で水爆実験を行い、日本のマグロ漁船「第五福竜丸」が被ばくした。この事件をきっかけに、国内では原爆や水爆への反対運動が高まり、2024年ノーベル平和賞を受賞した日本被団協（日本原水爆被害者団体協議会）の結成にもつながったのだが、「第五福竜丸」以外にも、水爆実験で被ばくしたマグロ漁船が数多くあったというのだ。その数は政府が放射能検査を行った10ヶ月間だけでも延べ99

2隻に及んだ[1)]。

僕は偶然にも、高知の高校生たちが80年代にマグロ漁船員の被ばくについて調べていたことを知った。そのことをきっかけに高知県内に住む漁師や関係者を訪ね歩き、1本のドキュメンタリー番組にした。それが、「わしも死の海におった〜証言・被災漁民50年目の真実〜」(南海放送2004年5月29日放送)だった。

通常、ドキュメンタリーは専門家が登場して、その人を追いかけることで番組が作られるが、この事件の場合、自分が一つ一つ調査して明らかにしていくしかなく、そのために膨大な時間を費やすことになった。裏付けとなる公的な文書はアメリカエネルギー省のライブラリーや国立公文書館などから収集した。何もかも手探りだった。その後も継続して取材をし続け、取材対象は200人を超えた。

そこで目の当たりにしたのは理不尽な死によって遺された家族が苦悩する姿、ガンにかかったことを受け止めきれないまま死を迎えた漁船員の姿だった。

マグロ漁船員(当時70代前半)の一人に何度も話を聞きに自宅に通っていたある時、「もうこれ以上は話すことはできない」と、言われたことがあった。ガンが見つかったのだ。「被ばくしていることを知ってしまったから、これ以上無理だ」と、取材を断られた。

自らの身に起こった不条理な出来事を受け止めることができないまま亡くなった人もいる。

被ばくしたことは知っていても、それが原因で病気になったことを知る漁船員はほとんどいない。

〝おんちゃん（おっちゃん）〟たちの無念を晴らしたい。

言葉は適切でないかもしれないが、刺し違えてでもいいから〝仇討ち〟をするしかないと思うようになった。ここで言う仇討ちとは、核実験を行ったアメリカに被害を認めさせて、謝罪と補償をさせること。同じ核実験の被害に遭っているのに、被ばくの事実が認められないなんて、こんな理不尽なことがあるか。

映像を通して事実を伝えて、世論を作り上げて問題解決に導くことが、取材でお世話になったおんちゃんたちへの弔いだと思い、そして、いつの間にか、この仕事が天職だと思うようになった。

テレビ放映から8年後、僕はテレビのように一方通行ではなく映像を通して人々と語り合いたいと思い、核を取り巻く不条理をあぶり出したドキュメンタリー映画「放射線を浴びたX年後」を12年に製作し劇場公開。続いて15年に「放射線を浴びたX年後　2」も製作し公開した。

マグロ漁場で行われた100回以上の核実験で被ばくした20万人以上とも言われる日本のマ

グロ船乗組員のこと、核実験によって放射能汚染し続けた日本列島。その事実を伝えたいと全国各地の上映会で、観客に直接問題を語りかけ続けた。どの会場でも観客は熱心に耳を傾け手応えはあったものの、次第に物足りなさも感じるようになっていた。

「被ばく者自身が、自らの被ばくを証明しなければならない」

繰り返されてきた被ばく者の泣き寝入り。そのループを断ち切る何か手立てはないだろうか。日本で地道に被ばくのことを伝えるだけではダメなのではないだろうか、と思うようになった。

核大国アメリカの人たちが事実を知らないままでは変わりようがない。事実を知り、当事者意識を持てば、アクションを起こしてくれるのではないか、と考えるようになった。

そして、新型コロナウイルス感染症が世界中で猛威をふるい、日本国内でも緊急事態宣言が発出された２０２０年、宣言が解除されてはまた発出を繰り返しているという最中に、僕は新しい映画を作り、「語りかけ」活動をアメリカで行うと決意した。

その決意のもと製作し、23年に公開した3作目となる映画「サイレント・フォールアウト」は、アメリカ国内の核実験の被害者にフォーカスし映像化した。１９５１年にネバダ州で行われた核実験によって被ばくした〝風下住民〟など、約30人を取材した。

彼らも知らない間に核実験によって被ばくし、愛する家族、友人を早くに亡くしている。しかし、アメリカでは核開発は一大産業として成り立っているので簡単には止まらない。

本書は、映画での取材内容に加え、そこに収録できなかったエピソード、24年7月から8月にかけて全米20カ所で行った上映ツアー、さらには日本国内で「核の平和利用」が根付いたトリックなど僕がいつも講演会で伝えている核をめぐる「不都合な真実」について盛り込んだ。

核兵器を作る過程で、地球規模で核の汚染が起こっている。その影響で病気や貧困で苦しんでいる人たちの存在を見過ごしてはいけない。

第二次世界大戦が終結して80年の今年、もう一度、議論を深めなければならない。日本だけでなく世界は岐路に立っている。

「過去から学び、今日のために生き、未来に対して希望を持つ。大切なことは、何も疑問を持たない状態に陥らないことである」

アインシュタインの言葉にあるように、一人でも多くの日本人に、置き去りにされている問題を知ってもらい、「自分事」としてこの核の問題を議論するステージに立ってもらうことを願っている。

伊東英朗

２０２５年４月

1章

風下住民（ダウンウィンダー）の苦悩

ダック・アンド・カバー

バートって名前のカメがいた　とっても用心深いカメ
危険に遭っても怪我しない　どうすればいいか分かってるから
「隠れて、覆う（ダック・アンド・カバー）」
僕らもやらなきゃならないこと　君も、君も、君も君も
「隠れて、覆う」

これは1951年にアメリカで作られたアニメ映画「ダック・アンド・カバー」の冒頭の歌詞。

バートという名前の亀がのんびり歩いていると、木の上にいたサルが火のついたダイナマイトをつるしてバートをからかう。バートは身の危険を感じると甲羅に首と手足を隠して、ダイナマイトの爆風から身を守ることができた。

続いて小学校で実際に行われている訓練の映像が流れる。教室で生徒たちが頭を抱えながら

机の下に身を伏せる。そして、男性のナレーションで「まず、原爆が爆発した時に何が起こるか知っておこう」、「街中の窓ガラスを壊したりするほどの大爆発だからね」、「でもバートのように『隠れて、覆う』をしていればずっと安全になる」と、核攻撃が起こった時の身を処する方法を啓発している。今ではインターネット上でいくつかの動画を見ることができる。[1)]

9分程度のこの映画は連邦民間防衛局の協力、全米教育協会安全委員会の監修の下で制作された公式の民間防衛映画だと説明しているが、主導しているのは政府だ。注目したいのは、国民に対して「放射能による汚染」についてはー切触れられていないことだ。

2022年6月、冒頭の歌詞を口ずさみながら、僕らにその頃の話をしてくれたのは、ユタ州のソルトレイクシティで生まれ育ったメアリー・ディクソン。

ネバダで核実験が始まった4年後、1955年に生まれたメアリーは、ネバダから約330マイル（約530㎞）、キャニオン・リム（峡谷の縁）にある実家を案内してくれた。

「私が子どもの頃、友達や近所の家にはすでにシェルターが作られていました。私が通っていたキャニオン・リム小学校では、『ダック・アンド・カバー』の映画を見て、実際に核の攻撃に備えて避難訓練が行われた記憶があります。『隠れて、覆う』の歌はみんなでよく歌っていました。

避難訓練ではまずサイレンが教室中に鳴り響くと、亀のバートがそうしたように手で頭を覆いながら机の下に隠れました。それから学校の地下には大きなシェルターがあり、シェルターまで走って行くように指示が出ました。先生は私たちに家から持参した水筒を持ってシェルターに入るように言いました。もし爆撃されたとしても水があれば大丈夫と教わったけれども、その時の私は『食べ物もトイレもないところでいつまでも過ごせるのだろうか』と、疑問に思ったものです。しかもその時、放射線が放出されていた、という情報は知らされていませんでした。ただ、『ロシア（旧ソビエト連邦）が、爆弾を落とすから、私たちアメリカもそうするのだ』と先生に言われただけです」

日本でも太平洋戦争の時、国民は爆弾から身を守るために目と鼻、耳を指で塞いで地面に伏せるという訓練を行っていた、という話を聞いたことがある。第二次世界大戦の戦勝国であるアメリカで、日本の戦前、戦中の国民たちと同じような訓練をしていたとは驚きだ。

メアリーの住むユタ州は「美しい州」と言われるように、州の南部には赤い岩山に囲まれた国立公園がある。ソルトレイクシティは、北西にあるグレートソルトレイク（大塩湖）が名の由来だ。２００２年に開催された冬季五輪が記憶にある人も多いだろう。ワサッチ山脈の麓にメアリーの育った家はあった。

メアリーは街が一望できる場所に車で案内し、街がどのように汚染されていったのかを教えてくれた。

ネバダの方向を指すメアリー・ディクソン

「ネバダはあっちよ。これが高台からのソルトレイクシティの眺めなの。岩の向こう側に下っていく道があるでしょう。家が建っている辺りがキャニオン・リム（峡谷の縁）です。ここはかなり風が強いでしょう？　街が山に囲まれているので、放射性降下物が流れてくると逆転現象で降下物が閉じ込められてしまうの。冬になると、暖かい空気が放射性降下物を含む冷たい空気を抑え込み長くとどまって、空気が非常に汚くなります。さらにこの山に沿ったエリアはベンチと呼ばれていますが、ベンチでは他の地域よりも放射性物質を含む雪や雨が多く降ったのです」

ソルトレイクシティを初めて訪れた時、すぐに〝風〟の存在に気づいた。日本で暮らしていると、〝風〟を感じることは少ない。しかし、ユタ州では、いつも風が吹いている。刺すような太陽の光と強烈な乾燥と相まって、木々の葉が絶えずサワサワと乾いた音を立てて揺れ、太陽をキラキラと遮る姿が、妙に印象的で記憶にこびりついている。絶えず空気は動き、何かを運んでいると感じた。

メアリーの家は、市内から車で少し離れた山の麓にあった。静かな住宅街の一角で、近くには自然が残っている。子どもの頃、自然豊かな場所で野山を駆けまわり、遊んでいたことは容易に想像がついた。

「昔このあたりには若い夫婦とその家族ばかりが住んでいました。だから一緒に遊ぶ子どもたちがたくさんいたわ。私は7人きょうだいの2番目。家には子どもがたくさんいたから、近所の子どもたちは私の家によく遊びに来たの。

キッチンにある食器棚から食料品を取り出して、お店屋さんごっこをしたり、自転車で野原を走りまわったりしたのよ。そして冬になると時々雪が高く積もってね。雪でお家やだるまを作り、雪にバニラと砂糖を入れてアイスクリームに見立てて食べたわ。あるいは庭で採れた新鮮な野菜を食べ、近所の酪農場で作られた牛乳を毎日飲んだの。大雨が降った日は排水溝で水しぶきをあげながら雨の中で遊んだものよ。このように私たちはその中に〝何か悪いもの〟が含まれていたなんて想像もしなかった。ただ美しい場所に住んで一緒に遊ぶたくさんの友達がいると思っていたから。

子どもが育つには自然が豊かで素晴らしい環境でしたよ。しかし、私たちは〝何か悪いもの〟について何の警告も受けず、何も知らされなかったのよ[2)]」

メアリーは「私たちは、『危険はない』と政府の言うことを信じる小さな子どもに過ぎなかった」と、怒りを込めて語った。

医療費は全部自費で支払う

僕らは、メアリーの自宅で、あらためてインタビューを始めた。

「当時、『ここでとれた牛乳を飲んではいけない』と警告していた科学者がいたにもかかわらず、『牛乳を飲んでも大丈夫』と、政府の言うことを信じてしまったのです。核実験で放射線を浴びた、もしくは放射線が降り注いだ牧草を食べた牛の牛乳は汚染されていた。最も私たちを苦しめたのは『セダン』という核実験です。１９６２年7月6日の爆発当時、私は7歳になったばかりでした。地下で爆発したのにもかかわらず1回の実験で放射性降下物は1万６０００フィート（約4.9㎞）まで巻き上げられたと言われ、ソルトレイクシティやその周辺まで到達したのです」

近所の人や同級生が次々と原因不明の病にかかり亡くなり始めてから、楽しかった子ども時代の思い出が一変した。

「小学校の同級生で8歳の時に脳腫瘍で亡くなった少女がいました。なぜ髪の毛を剃って学校に来るのか疑問に思っていたことを覚えています。その後、彼女の4歳の弟が精巣ガンで亡くなりました。別の友達のお父さんも脳腫瘍で亡くなりました。友人は16歳の時に骨ガンで、ほかの人たちは脳腫瘍で亡くなりました。このようにたくさんの人が次々と病気になりましたが、ご存じのように核実験の後、すぐに病気になるわけではないので、その病気が現れるまでに何年、何十年もかかることがあります。私は『自分の身にもそのうち何かが起こるに違いない』と不安を抱くようになりました。でも、どうすることもできないのです。そして、私も20代の時に甲状腺ガンが見つかったのです」

ところが世間は、メアリーたち被ばく者に冷たかった。

メアリーは病院で甲状腺を全摘、リンパ節を切除する手術を受け、手術後は放射性ヨウ素を飲んだ。甲状腺ガンを治療するために放射性ヨウ素を飲んだことで、メアリー自身が放射線源になってしまったのだ。これは悲しい皮肉だった。病院内にいる時には常に、名前が書かれたブレスレットを腕につけなければならないが、ブレスレットと病室のドアには放射能のマークがつけられていたという。まるで腫れ物にさわるような扱いを受けた。

「三度の食事は病室のドアの外に置かれていて、自分で取りに行きました。毎日、医師が病室のドアを開けてガイガーカウンターを私に向けて私の線量を測りました。そして、放射線量が低くなるまでは家に帰ることが許されませんでした。何日も『人のそばに近寄ってはいけない』、『妊婦や子どものそばにいてはいけない』、『1年間は妊娠してはいけない』と、医師から言われました。定期検診で放射性ヨウ素が体内のどこに溜まったのかスキャンしたら卵巣が光

メアリー・ディクソンの自宅で取材

った。その後、腫瘍ができて子宮を完全に摘出しなければならなかったので、私は子どもを持つことはできませんでした。病気になって手術を受けても『はい、治りました』というわけにはいかないのです。体のどこかに痛みやしこりができると、またガンができたのかと心配する。今では遺伝子の損傷があるとも言われています。ですから、病気になった人は、子どもたちや孫たちに影響を及ぼすのではないかといつも心配をしているのです。私たちは永遠に放射性降下物とともに生きていくことになる。心の傷のようなもの。それが一生続いていきます」

　メアリーは自分もいつ死ぬかわからないという「死」と隣り合わせの人生を送ってきた。

　地元のテレビ局に長年勤務した後、ジャーナリストとして独立。核被害についての執筆や講演活動を行っている。自身の体験や歴史的な記録を組み合わせた演劇「Exposed」は、アメリカ中の大学などで上演され、高い評価を受けている。

「あまりにも人の亡くなり方が不自然なので私と姉で、私が育った場所を含めた5つの地域で、病気になった人を数え始めたところ54人もいたことがわかりました。私の友人の妹が脳腫瘍で亡くなった。その友人も全身性エリテマトーデスを発症しました。さまざまな臓器に炎症などが現れる病気です。私と同じように甲状腺ガンになった女の子もいました。脳腫瘍や骨のガン、白血病にかかった人もいました。数週間前にも、妹から別の通りに住んでいる2人がガンで亡くなった、という話を聞いたばかりです。

そして、1歳年上の姉は46歳の時に全身性エリテマトーデスで、3人の子どもを残して亡くなりました。姉は何年も前から病気で苦しんでいたのですが、どんな病気か特定されませんでした。最初は、専業主婦だからうつ病なのではないかと、抗うつ剤を処方されました。診断が出るまでにかなりの時間がかかったので、病名を告げられた時はかなり進行していたのです。2歳年下の妹は胃ガンを発症して現在も闘病中。もう一人の妹はガンではありませんが、妹の娘たちは次々と病気にかかって、そのうちの一人は32歳の時に乳ガンになりました。もう一人は全身性エリテマトーデスです。末の妹も同じ病気と闘っています」

メアリーの祖父はモルモン教徒でタバコも吸わない、お酒も飲まない健康的な生活を続けて

当時、牛乳を飲む子どもたち

いたが、やはりガンで亡くなった。祖母も胃ガンになった。

父はユタ大学の科学者だったが、家庭内で放射能汚染の話をした記憶はないという。「周りの人が病気になっていたので、ごく普通のことだと思っていたのではないか」とメアリーは言う。

身近な人が次々と亡くなる中、メアリーはジャーナリストとして心の中に湧き上がる疑問点を紙面にぶつけていった。

「今でもソルトレイクで育った人に会うと、彼らは自分のガンのことを話してくれます。『あなたはダウンウィンダー（風下住人）かもしれないわね』と、言います。

私にとって最もつらいのは、これらの核実験の被害に遭った大多数の人々が自分の病気の原因を知ることができないことです。地元の議員たちに話をしても、彼らは私たちの歴史を知らないので理解してもらえないのです。病気は次々と発症するのに、周りにいる多くの人たちは『核実験はずっと前の話』と、言うのです。私は『違う、違う』と、言い返します。人々は今でも病気になって苦しんでいます。ガンが再発、転移することもあり、合併症や後遺症で苦しんでいる人がいるのです。最もダメージが大きいのはアメリカでは（日本のように国民皆保険ではないので）民間の保険に加入していないと途方もない医療費がかかるのです。医療費の支払いで一家が破産しかねないのです」

ユタ州は大部分がモルモン教徒で、彼らは酒も飲まない、タバコも吸わないといった非常に健康的なライフスタイルを送っている人が多いと聞く。ネバダでの核実験の後、人々が一様にガンを発生させるのを見て、「何か」がガンを引き起こしたのだとメアリーは思った。

「政府が核実験の前後のデータを取らなかったことが、後になって人々を苦しめました。健康的なライフスタイルを送っていたのに、ある時期からバタバタと人が倒れていく様子を見ると、ガンのすべてが偶然であるはずがないと確信したのです。ある聴聞会で私が証言をした時、出席していた放射線科の医師に、風下住民たちが病気になったという噂を引合いに出して『なぜこんなに多くの人が病気になったのか』と、質問したことを覚えています。すると彼は、『風は昼間に上昇方向に吹いて夜には下方に吹く』と、答えたのです。『だから二重被ばくになるんだ』と。しかし、一番難しいのは放射能汚染による病気だと証明することです。立証の責任

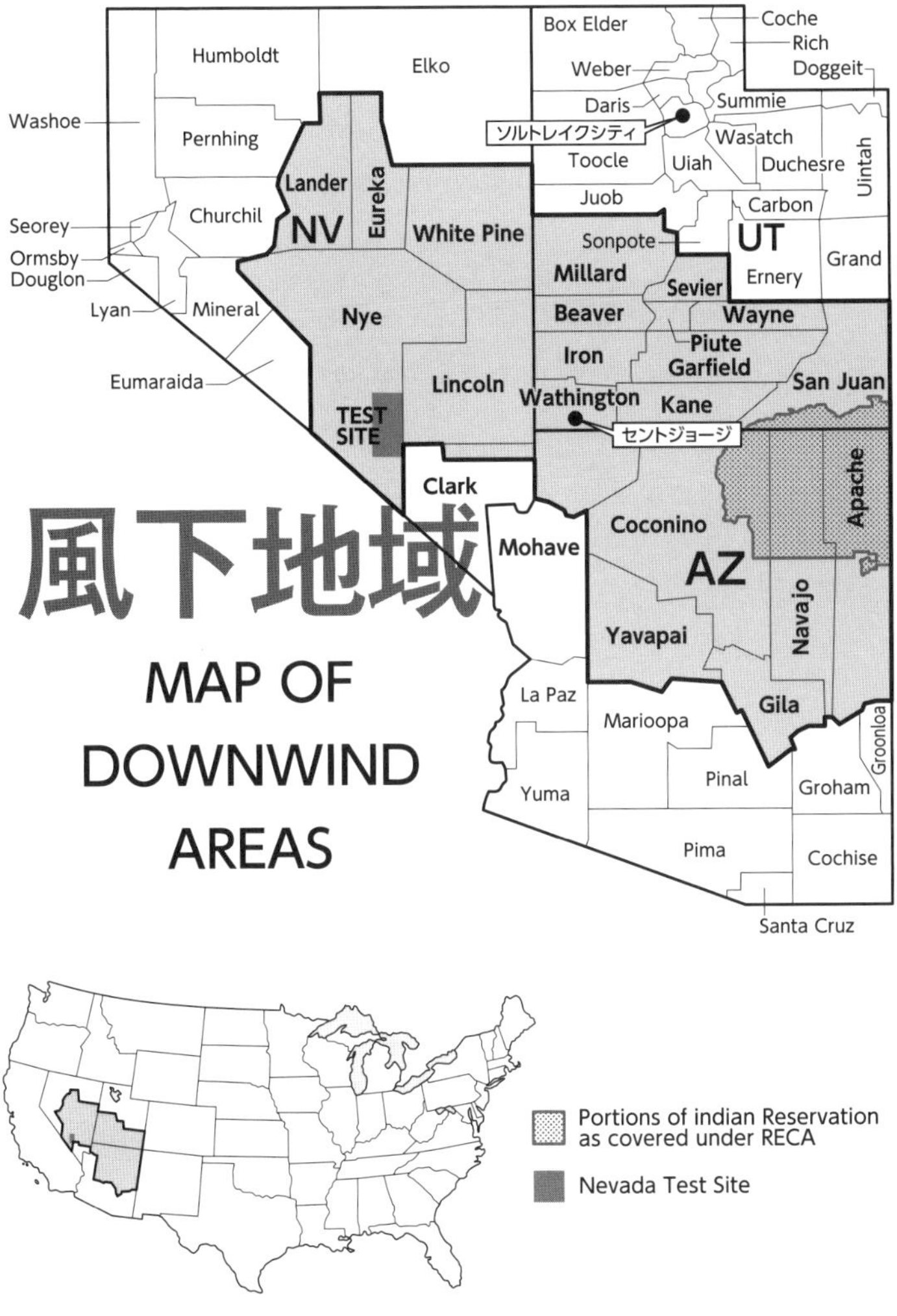

風下地域に指定されたエリア　出典：ユタ大学J・ウィラード・マリオット図書館

は常に被害を受けた人たちにあるからです」

放射線被曝補償法が失効

被ばく者たちは病気と核実験の因果関係を証明して、政府から補償を得ようと何十年も努力してきた。90年にようやく「放射線被曝《ひばく》補償法(RECA)」が成立。風下住民、核実験に従事した人、ウラン採掘や精製に携わった人が対象となった。風下住民は、乳ガンなど指定された19種類のガンになった場合、申請が通れば一時金5万ドル(約520万円)の補償金が支給される。「風下地区」と指定されているのはネバダ、アリゾナ、ユタ州の一部で、メアリーの住むソルトレイクシティは対象外だった[3)]。

メアリーたち風下住民は何年もかけて、より多くの人が治療を受けられるように、対象地域が拡大されるように努力してきた。ところが24年6月、このRECAが失効したため補償金申請の受付が終了した。上院では延長した上で対象を大幅に拡大する改正案が可決したが、米メディアによると、下院で予算上の懸念などから採決に至らなかった[4)]。

「私たちは上院議員や州や議会の事務所に何度も電話して、法案への支持を取り付けようと行動しました。アメリカという国は、核兵器を維持するのに年間500億ドルを費やしていると言われています。一方の補償法について共和党のある議員は『3万9000人のために24億ドルを費やしてきました』と、言うのです。私たちの命は、私たちを病気にした兵器の価値のほんの一部にも値していないということなのですよと、いつでも言うことにしています。私の国では今後10年間に核兵器の近代化のために6000億ドルを費やすと予測されています。医療もなく、子どもたちの世話もせず、教育もしない国なのに、それでどうして安全が確保できるのでしょうか。国民を守るためにやるべきもっと大切なことがたくさんあります。より近代化した優秀な核兵器を持つことは、国民を安全にはしません。このことに気づかない人たちがいることに私は心を痛めています。

もう一つ悲しいことは国民を病気にしているのは、放射性降下物だけではなかったということです。核兵器の開発からウランの採掘、精錬・加工まで、その連鎖のすべての段階で犠牲者が出ているのです。ウランの採掘の多くは先住民の土地で行われたため、彼らは重病にかかりました。ガン、腎臓病、あらゆる種類の病気にかかったのです。核兵器の製造の連鎖によって、どれだけの人が傷つけられたかを考えると、とても気が滅入ります。しかもすべて人間が作り出したものなのです。私たちは自分たちの政府が仕掛けた爆弾の犠牲者になったのです」

メアリーはインタビューの最中に、記事の切り抜きを見ながら涙をこぼした。スクラップブックにはソルトレイクシティで亡くなった人たちの「おくやみ」の情報が掲載されていた。かなり処分して手元には数冊しか残っていなかった。一緒に活動をしていた友人の記事を見つめていた。

「ある日彼女は私に電話してきて泣きながらこう言いました。『もうここにいることは無理。私が死ぬのを見届けて』と。私は本当に打ちひしがれました。彼女は生命力と精神力に満ち溢れていたのに……。人々に知ってもらうために私にはこの仕事をする大きな責任があると思うのです。招待されればどんな会議にも行きますし、それについて書きます。実際に被ばく体験の劇を書き、上演されました。それが私の使命だと思っています」


「立証責任は常に被害を受けた人たちにある――」

この言葉を聞くたびに僕は無力感を覚える。なぜなら、これまで取材してきた300人近くの被ばく者やその関係者が、必ず口にする言葉だからだ。

被害者が自らの被ばくを科学的に立証しなければならないなんて、こんな理不尽なことがあるのか、と思うが、それが現実なのだ。この理屈は、一つの国に限定されているわけではなく、すべての国、そう、地球上のすべての被ばくの問題が、そうなっている。加害者は何も問われることはなく、平然としていられるのが、この被ばくの現実なのだ。

例えば、多くの面前で、加害者が被害者を刺殺したとする。その時、加害者は取り押さえられたり、警察官に逮捕されたりするだろう。法治国家ならば当たり前の光景だ。

被害者は、あくまで被害者なのに、放射能の問題は、核兵器（実験）によって意図的に被ばくさせられても、原発事故によって被ばくさせられても、その加害者側の責任が認められることはほとんどない。被害者が立証できなければ、罪に問われない。たとえ被害者が立証しようとしても、あまりにも大きな壁が立ち塞がり諦めるしかない。

放射性物質が、人体に甚大な影響を与えることは、科学的に立証されている。すべてを考えれば、答えは出ている。

「たとえ被ばくしたとしても、人体に影響が出ているのか立証できないから、罪に問われない」という巧妙な理屈に左右されない流れを作っていかなければならない。

ダウンウィンダーたちの訴え

僕らは翌日、メアリーとともにソルトレイクシティ内にあるユタ大学「J・ウィラード・マリオット図書館」を訪ねた。ここには核実験に関する資料が保存されている。

教員技師のトニー・サムズと地理情報システム・スペシャリストのジャスティン・ソレンセンは、メアリーと同じような経験をした人の証言を集めている。「私たちの使命だ」と、力説していたのが印象的だった。

「ユタ大学は、アメリカ西部の山脈に囲まれた地域にあり、しかもネバダ核実験場からはそう遠くはない。そして、被ばくの影響を受けたユタ州民が大勢いることを知っています。ユタ大学はこの地域の一部であり州の機関でもあります。ですから、私たちが証言を集めるのは半ば必然でした。彼らの人生の物語に耳を傾けなければならなかった。証言を集める責任があったのです」（トニー）

当事者や関係者の証言や口述を記録した歴史資料のことをオーラル・ヒストリーという。後世に伝えることができるだけでなく、政策などの意思決定としても利用される。

トニーらはユタ州内12カ所の地域をまわり、ダウンウィンダーにインタビューをした。地元の公立図書館と協力して看板を設置し、証言に応じてくれる参加者を募ったそうだ。

「証言集めのためユタ州をかなり回りましたが、人々が共通して語っていた言葉は『原子爆弾の実験だと聞かされていたが、それが危険だとは知らなかった』と、何人もそう口にしていました。しかも人々は小冊子が配られて、それ（核実験）がたいしたことではないと思わせるような内容が綴られていたと話をしていました。実際に何が起こっていたのか。それを今見ることで、過去に生きた人たちと私たちを結びつけるのです。ほとんどのインタビューは10分から15分に編集されていますが、画面をクリックすると全文をダウンロードして読めるようになっています」（トニー）

地元のラジオ局も協力的で、口コミで広がって行った。「メアリーもたくさん協力してくれました」と、トニーは笑いながら語った。

ユタ州で育ち、州内の学校に通っていたが、このプロジェクトを始めるまで「ダウンウィンダーの存在すら知らなかった」と語ったのはジャスティンだ。

「アーカイブの良いところは、ネット上でユタ州内をまわってダウンウィンダーの犠牲者やその家族に会うことができることです。アーカイブを通じて彼らの物語を知ることができます。当時、何が起こっていたのか。彼らが何を経験したのか、そのストーリーを後世に伝えるために文書化したのです。このアーカイブの目的は、人々にこの時代に何が起こったかを知ってもらい、将来このような事態が発生した時に備えておくことなのです。学んだことをもとに決断ができるようにするために話し合いを行ってほしいのです」（ジャスティン）

いくつか証言の映像を見せてもらった。16年1月頃に撮影されたメアリーのインタビュー映像だ。

〈近所の人たちが病気になるのを見ました。ガンになったり、腫瘍ができたり。私の友だちは8歳で亡くなりました。ある日、頭を剃って学校に来たと思ったら、すぐにいなくなってしまったんです。その3週間後に彼女の弟が亡くなりました。4歳でした。聞いたこともない精巣ガンでした。また、ある友人は足の痛みがあったのですが、結局、骨ガンで亡くなりました〉

証言だけでなく、資料やデータの蓄積もある。画像を見ながら解説をしてくれたジャスティンは、ソルトレイクシティから２６０マイル（約４２３㎞）南にあるユタ州セントジョージの被害状況を教えてくれた。

「51年1月28日から92年9月23日まで、放射性物質の『ヨウ素131』を観測したデータがあります。セントジョージは高い数値を示しています。ネバダ実験場の東１３７マイル（２２０㎞）にセントジョージがあります。風はいつも東に吹いていて、途中に遮る高い山はないので、放射性降下物はそちらに運ばれました」（ジャスティン）

パソコン上に映し出されたヨウ素131の量の違いを見ると、セントジョージの地域は真っ赤に塗りつぶされていた。セントジョージやその周辺の地域は、のちに政府によって核実験場の「風下地区」に指定され、補償の対象になった。

家族を失った悲しみが〝怒り〟に変わる時

僕らはメアリーと別れ、ソルトレイクシティを出てセントジョージを目指すことにした。ルート15号線を南下すること約5時間。アリゾナ州境にあるセントジョージの介護施設に到着した。

長年、被ばく者として被害を訴え続けてきたジャネット・ゴードンが暮らしている。ジャネットは1939年、ネバダの核実験場から約166マイル（約268km）離れたユタ州南部のシーダーシティで生まれ、牧場を経営する両親と2人の兄、姉、妹の7人家族の中で育つ。今は施設内での移動も車椅子が必要だ。しかし、取材での口調はしっかりとしたもので、鋭い眼光には怒りが込められていた。

「核実験が始まった時（51年1月27日）私は11歳でした。朝早く、突然まばゆい閃光が見えて、そして空全体が明るくなりました。やがて雲が谷間の上空を流れてきたのです。シーダーシティでは事前に核実験が行われる日が発表されることがあり、実験が行われることがわかると、人々は閃光がよく見えるように丘に上がっていました。

あの春、子羊が生まれてくる時期に、父ヘンリーと兄たちは牛や羊を放牧したり、世話をしたりしていました。ある日の出来事です。次兄ケントが戻ってくると肌がひどい日焼けをしたようになっていました。水路や草が生い茂っているエリアを馬で下っている時に『霧が立ち込めるところを抜けてきた』と言うのです。『ネバダの核実験と関係があるのかもしれない』とも言っていました。馬に乗って霧の中を抜けてくる時に、馬がよろめいてうまく進めなかったそうです。『何やら金属質の味を感じた』とも言っていました。それから飼っていた羊たちは毛をつかむとごっそりと抜けました。兄が乗っていた馬も病気になり、獣医も原因が分からないと言っていました。その後、羊たちは相次いで亡くなりました」

ジャネット・ゴードンは肉親を亡くした怒りを込めた

次兄は体調を崩した。数週間のうちに、ほとんどの髪の毛が抜け落ちて、すい臓ガンが見つかった。診断が出てから数年後に亡くなった。26歳だった。あの春、牧場で働いていた人は8人いて、父と次兄、長兄ノーマンと従業員。8人はその後、何年か経てガンで亡くなった。

「私と4歳年上の次兄はとても仲が良かったのです。兄は私に馬や自転車の乗り方や歯でホイッスルの音を出す方法を教えてくれました。車の運転もそうですし、大人になってからは、お互いお付き合いをしていたボーイフレンド、ガールフレンドを伴ってダブルデートをしたり一緒に出掛けたりしました。

ガンが兄の人生を台無しにし、生きたまま苦痛を与えました。ガンが進むにつれて痩せこけて、顔の皮膚は目が隠れるくらい垂れ下がってしまい、とてもひどいものでした。反対にお腹にある腫瘍は大きくなり過ぎて皮膚が突っ張ってしまい、痛みで足をまっすぐ伸ばすことができませんでした。私たちは姉の家で兄の世話をしていました。痛みで兄は眠れなかったので、私たち家族が交代で兄の横で寝泊まりしながら、直接兄の足を下から支えて痛みから解放してあげました。兄がガンになってから何年もの間、私たちや町の人はみんな彼が良くなるように、1日でも長く生きてもらえるように祈り続けました。ある夜、私は兄のそばで祈ることをやめてこう言いました。『(痛みから解放されるように)もう死なせてあげて』と。その言葉は今も私の心の傷となっています。その心の痛みが私を『兄の体にいったい何が起こったか？』と、調べる活動に引き込んだのです」

次兄が亡くなる頃にジャネットは結婚。子どもたちを育てながら「女性有権者連盟」という組織に所属し、核の問題について研究を始めた。

「核実験に関するアメリカ兵のドキュメンタリー映画『ポール・ジェイコブスと核のギャング』を見ました。ポールは放射線がどこに行ったのかを調査し、地域の多くの人々にインタビューをしました。その映画を見終わった時に姉と私は顔を見合わせて言いました『(次兄の)ケントを殺した犯人はこれだ！』と。それまで家族を失った悲しみに打ちひしがれていたのですが、悲しみが〝怒り〟に変わった瞬間でした」

兄たちの死は、次の世代の子どもたちの身に起こらないようにするために役立つのであればけっして無駄ではない。無意味ではないと、以後精力的に活動を始める契機になった。ダウンウィンダーの被害者、遺族で構成する「市民の声（CITIZENS CALL）」の会長となって、家族や親戚、友人を核実験の被害で亡くしたことを訴え続け、被ばく者補償のための訴訟の支援活動を行ってきた。

さらには、全米放射線被害者委員会の議長を務め、原水爆禁止世界大会などに参加するため8回来日した。

ジャネット自身は結婚3回、一男二女の母として再婚相手の子どもも含めて6人の子育てを経験している。「タライのような桶で毎日お皿を洗った」と笑いながら話していたように、世界中を飛び回りながら子育てに奮闘するエネルギッシュな人生だ。

２００2年に脳卒中で倒れるまで、毎年1月27日、ネバダで核実験がスタートした日に座り込みの抗議行動を行ってきた。04年に母ヴェルマがガンで亡くなるのと同時期に、自身も乳ガンの摘出手術を受けた。

「私の娘は問題を持って生まれました。彼女は今も生きていますが、子どもを産むことができませんでした。これは私たちダウンウィンダーの第2世代の人たちに共通していました」

話の途中で、ジャネットは「友達を紹介する」といって、インタビューが行われている場所にクローディア・ピーターソンを招いた。クローディアはセントジョージに住み、ソーシャルワーカーとして医療機関で働いていた。

両親と兄、姉の5人家族の末っ子として小さな農場で育った。当時のユタ州の住民たちと同じく、庭で採れた新鮮な野菜を食べて、池で泳いだり馬に乗ったりして遊び、自然豊かな場所で伸び伸びと過ごした。

ユタ大学のジャスティンが17年6月にインタビューをしたクローディアの証言をダウンロードして読んだ。

〈私の名前はクローディア・ピーターソンです。私はシーダーシティの南にある農場で生まれ育ちました。セントジョージに40年間住んでいます。（中略）学校で「ダック・アンド・カバー」のテストと、甲状腺をテストするためにガイガーカウンターを持って来た男性を覚えています。そして、彼らがまだ地上実験をしていた時、私は本当に若かったことも覚えています。だから私はそれのいくつかを覚えていません。（別のクラスでは）ヨウ素の丸薬が配られていました〉

その後に、クローディアの一家に襲いかかった悲劇が綴られていた。

核実験の時の様子を語るクローディア・ピーターソン

地平線に現れた炎の塊

「地平線の彼方に現れたのは大きな炎の塊でした。夕方の核実験でした。私は家に走って母に伝えました。私は兄と一緒に外にいて、母に『空飛ぶ円盤だよ』と言いました。

母が外に出る頃には、キノコ雲のような形になって私たちの住む方向へ漂流してきました。多分私が4歳か5歳の頃の話です。また私たちの近隣住民は羊を飼っていて、私たちは手伝いをしました。近所の友達だった女の子と私は、親を失った子羊に哺乳びんでエサを与えました。そして子羊が生まれる季節にたくさん積まれて死んでいる変形した子羊を見たのを覚えていて、それが普通だと思っていました。子どもだった私には何が間違いなのかに気づくことができませんでした」

クローディアの母は看護師だったので、政府が核実験を発表する時アナウンスされていた「安全だ」という内容を信じていなかった。洗濯物は外に干さないで、子どもたちは家の中にいるように、外には出ないように伝えたそうだ。クローディアたちはそれを「何かの罰だ」と思った。

「それから私が小学生になった時、私たちは『ダック・アンド・カバー（隠れて、覆う）』を教わりました。私たちはみんなそれを行いました。そこへ政府の人がガイガーカウンターを持って学校にやって来ました。ガイガーカウンターが光って反応した私は、何の道具か知らなかったのではしゃいでいました。彼らが私に『反応したのはあなたが歯科レントゲンを撮ったからですよ』と言ったので、看護師の母に尋ねてみると母は『いいえ、あなたは歯科レントゲンを撮ったことがないわよ』と言いました。母はなぜそんなことを聞くのか理由を尋ねたので、私は政府の人に『あなたは歯科のレントゲンを撮ったことがあるのですよ』と、言われたと答えました。ガイガーカウンターに反応したのはクラスで4人ほどだったので、彼らは私たちの甲状腺をチェックしていましたが、それについて両親には報告書も何も送られてきませんでした。後からわかったことは、私たちは単なるモルモットで、ランダムに選ばれたクラスだったのです」

クローディア自身の体調は、この時点ではまだ変化は見られなかったがのちに婦人科系のガンにかかった。同級生たちの身の上には異変が次々と起こった。

小学校の同級生が数人病気になり亡くなった。最初は6年生の時に同級生の男子生徒が白血病で亡くなり、中学2年生の時にも男子生徒が骨ガンで亡くなった。

「そして、地域に住む人々が病気にかかり、飼っていたすべての羊が死んだ時に、政府が『羊が死んだ原因は寒い冬が原因』と、断定したことを知っていたので、人々はそのことについて疑問に思い始め、住民同士で話し合ったり政府に質問したりし始めていました。だって羊は冬ではなく夏に山に行きましたから、凍死なんてするはずがないでしょう。人々はそれを知っていましたが、非常に保守的な家族志向の愛国心の強いコミュニティの彼らは、政府と戦うつもりはありませんでした」

後に結婚をして3人の子どもに恵まれ、子育てに追われていた矢先、実父が脳腫瘍を患い倒れた。主治医は「おそらく放射性降下物の影響だろう」と示唆した。腫瘍を取り出す手術は成功したが、その後脳卒中で64歳の生涯を閉じた。

その次は、次女ベサニーの体に異変が現れた。3歳の時にステージ4の神経芽細胞腫と診断された。2年間の治療を受けて回復したが、健康状態が急変して白血病と診断された。

「娘の腹部にはオレンジほどの大きさの腫瘍があり、5人の医者にそれを診てもらいました。最初は白血病ではなく神経芽細胞腫と診断されたのに、ソルトレイクシティの病院に連れて行き検査を受けると骨髄に大きな腫瘍ができてステージ4。ガンは全身に転移していました。医者はすぐに化学療法を始めたいと言いましたが私は、『姉が病気なのでいったん帰らないとなりません』と言いました。姉も深刻な容態だったので、『4、5日してから戻ってきてもいいですか?』と言ったら、医者は『いいですよ、でもそれ以上は待てません』と言いました。

ソルトレイクシティからの帰り道は、取り乱して泣きながら運転しました。今思うと、精神安定剤を飲んでいたし、正気でない状態でした。夜11時に帰宅してベッドに潜り込みました」

しばらくすると病院から電話があり、姉がすでに昏睡状態で人工呼吸器を装着しているという。クローディアは病院に駆けつけて死の淵にいる姉にこう言った。

「ベサニーが死んだら迎えに来てね。あの子を一人であの世に行かせるなんてできない」

姉の病室に家族が集まり最期を看取った。クローディアは病院で娘と1カ月過ごし、娘は姉の1カ月後に亡くなった。こうして父と姉、娘を次々と亡くした。

「私たちは農場に住んでいて生乳を飲み、庭で採れた野菜を何でも食べていました。また私の母は防腐剤などの添加物を嫌ったので、私たちは牛を育てて屠殺しました。母がすべて瓶詰にしてそれらを冬に食べるような健康的な生活を送っていました。父が病気になる前にガンにかかる親戚はいませんでした」

隠蔽される事実を掘り起こす

このように51年1月からネバダで核実験が行われてから、風下の地域ではさまざまな異変が起きていた。核実験場から約268㎞離れたユタ州南部のシーダーシティで、53年3月から5月下旬にかけて3000頭近くの子羊が生まれたが死産や発育不良が見られ、生後5日〜6日までしか生きられなかった。また、多くの雌羊が出産中やその数日後に死んだ。

アメリカ原子力委員会（AEC）の調査員による暫定報告書では、放射性降下物が羊の死の原因であるとしていた。[5)]

ところがその当時、アメリカ原子力委員会は、「核実験は安全」というキャンペーンを積極的に行った。55年1月に『ネバダ核実験場地域での実験の影響』という小冊子を風下地域に住む住民たちに配った。そこには「実験場外の近隣地域では誰も被害を受けていません」、「実験場外のあらゆる生き物に危険となる物質は入っていません」と書かれている。[6)]

住民たちは泣き寝入りしなかった。

2章
グラウンド・ゼロ

カジノの街で行われた核実験ツーリズム

夜になると派手なネオンが光り輝く、一晩中カジノやショーが楽しめるアメリカ有数のリゾート地ラスベガス。そのラスベガスにはもう一つの顔がある。１９５０年代「核実験ツアー」が行われたことがあるように「原子力の町」という顔だ。

フーバーダムから得られる電力を利用して、砂漠の中に軍事基地やネバダ核実験場（現・ネバダ国家安全保障施設）が作られ、その関係者が住むようになったと言われている。

51年から核実験が行われると、その凄まじい爆発音や立ちのぼるキノコ雲が全米で話題になった。核実験はショー、エンターテイメントの一つと受け入れられ、多くの観光客が実験場からわずか80マイル（約１３０㎞）のラスベガスに押し寄せた。

夜明けとともに行われる核実験を間近に見るため、国道95号線を走ることは当時、トレンドで、また斬新でエキサイティングなものは〝アトミック〟と呼ばれていた[1]。

街中のバーでは「アトミック・カクテル」などと名付けたお酒を名物にして売り出し、あるホテルが行ったコンテストの優勝者は「ミス・アトミック爆弾」と呼ばれた。キノコ雲をかたどった帽子姿の女性の写真が撮影され宣伝に使われたほど「キノコ雲」はアイコンの一つだった。

核実験で観光客を呼び込もうと、地元の商工会議所は核実験が行われる日を記したカレンダーを配ったそうだ。このように経済的な恩恵や雇用機会が得られていたことから、核実験は好意的に捉えられていた様子がうかがえる。[2)]

ある1枚の絵葉書にはビルの屋上に派手な装飾を施した看板が掲げられ、その合間からキノコ雲が顔をのぞかせている。ホテルやプールサイドでワインを片手に核実験を眺める光景が目に浮かんだ。ちょうど大きな花火が打ち上がり、歓声をあげながら見るような感覚だったのだろうか。

核実験場が開かれてから7年間で、ラスベガスはユニオン・パシフィック鉄道の小さな駅から、光と興奮の街に変わっていった。[3)]

僕は映画「サイレント・フォールアウト」の撮影の間、核実験が行われてきた爆心地に絶対に立ちたいと、思い続けてきた。

2022年7月、ラスベガスで暮らす退役軍人のジム・アンドロルにインタビューした翌日、爆心地の近くまで案内してくれることになった。ジムは、マーシャル諸島エニウェトク環礁で核実験の残骸を処理するクリーンナップ作戦に参加して被ばくした。さまざまな病気を抱えて

絵葉書にもなったラスベガスから見た核実験

暮らしている。
この時の取材で、どうしても行きたかった場所があった。それは、リチャード・ミラーの著書『アンダー・ザ・クラウド（UNDER THE CLOUD）』に書かれている場所で、チャールストンと呼ばれる山だった。核実験当時、メディアやジャーナリストたちが、核実験の様子を撮影するため待機していた場所だと書かれている。彼らが見た風景をこの目で見たいと思った。

ニューヨーク・タイムズ紙のグラッドウィン・ヒル記者の記述にはこう書かれていた。

〈直径約1マイル（約1.6km）の白い球は、黒い「幹」からほとんど離れ、チャールストン山に向かって急速に進んでいた。山の中腹で見ていた12人のリポーターやカメラマンたちは、もっと見晴らしのいい場所があるはずだと、すぐに結論を出した。私は、爆発から25分以上経ってから、最後の一人としてその場を後にした。

この時、白球は山までの距離の半分近くを、1分間に1マイルのスピードで移動していた。標高6295フィート（約1.91km）の山の頂上と同じ高さにあるようだ。下山すれば避けられるはずだ。

私は一人で20マイルほどの山道を半分ほど走ったところで、実験場の方に目をやると、放射性雲の「幹」に何が起きているのかがわかった。

それは、私のすぐそばまで伸びてきていた。そこには、かつての白球の底が、1000フィート（約300m）あまりの高さに垂れ下がり、厚い綿毛のような雲となって広がっていた。この高度の推定は、まもなく山を下りてきたロサンゼルスのテレビ・カメラマン、デクスター・アレーとウェイン・クレッグが裏付けている。

その姿は、あまりに無害に見えた。まだ、空には雲がなく、雲の「幹」が爆発地点まで続いていた。そして、その偽りの白さの中に、黒ずんだ桃色の渦巻きが残っていた。私はスピードを出した。

その後、「雲」が速く前に押し寄せた。数分後、その雲は道路の真上にかかり、私のカーラジオで静電気を発生させて、その存在を強調した。私は、どうせ放射能を浴びるなら、何がそうさせているのか、よく見ておこうと思った。車を止め、外に出て雲を見たが、何も感じない。
鉱山技師で電気技師のフレッド・バートレイさんが、毎時20ミリレントゲンのガイガーカウンターを持っている。その時、この付近には放射能がないことを示した。しかし、雲の下で地面に触れた私の靴底に試したところ、10ミリレントゲンを記録した。しかし、私の車の部品に試したところ、インジケーターの針がダイヤルの向こう側に外れてしまった。その後、雲はラスベガス上空を通過し、高度4万フィートまで上昇し、カリフォルニア州ニードルズの方角に消えていった。〉（リチャード・ミラー『アンダー・ザ・クラウド』より）
僕は〝キノコ雲〟の詳細な描写に圧倒されたと同時に、「どうせ放射能を浴びるなら、何がそうさせているのか、よく見ておこうと思った」と、捨身の覚悟で取材をしているのが伝わってきた。ヒル記者はその後、どのような境遇に陥ったのかはわからない。これだけの至近距離で被ばくしていれば大体は想像がつくが……。
彼が書き残した言葉は、時空を超えて日本人の僕に伝わり、そして多くの人に読み継がれていく。

どうしてもここで知ってほしいと思ったのは、光の様子だ。広島や長崎の被爆者や、核実験に関わった兵士たちの証言を聞いても誰一人として同じ光景はない。爆発した瞬間の〝ピカ〟をとっても、フラッシュをたいたような光、オレンジ色の光、さまざまな色があった。ヒル記者が見たネバダで行われた13回目の核実験は、至近距離だからこそ見えるキノコ雲の「幹」にあたる部分の〝色〟が詳しく書かれていた。

〈15カ月前に行われた13回目の核爆発は、比較的低出力ながら通常の中央の火の玉のほかに、「二重の弾丸」のような効果があった。

この爆風は、午前中の太陽を一瞬凌駕する白熱の「カーテン」とも言うべき細長い柱を立ち昇らせた。実験場を見下ろすチャールストン山の7000フィートの高台から、野戦メガネを通して、この炎のような蔓を20本数えた。その長さは爆発地点の幅とほぼ同じで、半マイルはあろうかという長さである。オレンジと黄色の火球よりさらに高く舞い上がり、火球は一瞬にして白い水蒸気に変わり、まるでピケットフェンスのようだった。地上に張り巡らされた巨大なホースかスプリンクラーのパイプが、突然、あちこちで漏れ出し、垂直に火の粉が舞い上がったかのようであった。これは、第二次世界大戦中にイギリス空軍がドイツの都市を破壊するために使った、精巧な空中焼夷弾の効果に似ている。

この垂直の「指」が、非常に特殊なものであることは、40マイルも離れたところから撮影した写真フィルムに、明らかに謎の「曇り」が生じたことからも分かる。実験場周辺の数百平方マイルに散らばった7人の報道カメラマンは、いずれももっと明るい爆発を撮影していたが、ほとんどのネガが不思議なことに黒く変色していることに気づいた。中には、中心部の火球は写っているが、その周りが黒くなっているものもあった。

このネガは、フィルム全体を同時に露光するのではなく、フォーカルプレーンシャッターを搭載したカメラで撮影されたものである。このネガでは、縦の「指」の約半分は、その累積効果で写真全体に黒い線が濃く出る前に捕らえられた。この「指」は、これまでのテストでは見られなかった種類の光線、あるいは強度の光線を放射していることが明らかに推測された。多くのオブザーバーは、その噴射が、リン爆弾の「飛沫」や対人弾の「拡散破片」を思わせる挙動であることに同意した〉（同前）

インタビューが終わったジムに、その記述を見せ、「このチャールストン山に行ってみたいが、知っているか？」と聞くと、ジムは、「ああ、その場所なら知っている。車で1時間もあれば、行けるよ。明日、行ってみるか？」と言ってくれた。

70年前の記述だから、と半ば無理だろうと思っていたので、ジムの言葉に思わず「おお！」と、声をあげてしまった。

翌日、ジムとは自宅前で合流。息子のものだという真っ赤なスポーツタイプの車に乗せてもらってチャールストン山へ向かう。

当然だが、真夏のラスベガスは、とんでもなく暑い、そして、とんでもなく乾燥している。僕はその気候のせいか外で撮影を始めるたびに鼻血が止まらなかった。

朝、ジムを訪ねると、彼は、僕たちにあるものを手渡した。マスクだ。しかも、医療用の気密性の高いマスクだ。「それを早くつけろ」と言う。20年から新型コロナウイルス感染症が世界中に猛威をふるって日本では何度も緊急事態宣言が出た。それから2年後、少しは沈静化したとはいえ、まだコロナは完全に収まってはいなかった。それに対する備えなのかと思ったが、違った。

暑い上にマスクはかなり厳しいが僕らは彼の言う通りにした。もちろん、その理由を聞いた。ジムによれば、ラスベガスでは街中で砂ぼこりを立てると罰金を取られるそうだ。その理由は、核実験によってばらまかれたプルトニウムを、砂ぼこりと共に吸い込んでしまうからだと言う。確かに、核実験の至近距離にあるラスベガスには、プルトニウムが存在するだろう。プルトニウム239の半減期は2万4000年。気化したプルトニウムは、微量でも肺ガンを引き起こす可能性がある。

ジムは優しくてジェントルマンだった。それは笑えるほど丁寧で、ジムの車に女性スタッフが乗ろうとするとジムは「ちょっと待て」と制止する。彼は先回りして車のドアを開け、スタッフを乗せるとドアを静かに閉じる。そして次のスタッフも……。もちろん降りる時も同じで、自分でドアを開けて降りてはいけない。

ジムはドライブ中、ラスベガスの歴史や、たくさん存在するという軍事基地の話を聞かせてくれた。

「今日は暑いな。(摂氏)38度まで上がるんだって？　でもチャールストン山はずっと涼しいよ。コヨーテやマウンテンライオンに気をつけなければならないけどね」

僕ら取材クルーはジムの運転する車で砂漠地帯を走った。およそ1時間で目的地に到着。チャールストン山の中腹にあるデザート・ビュー・オーバールック展望台に車を停めて、そこから歩くことにした。

展望台からの眺めは素晴らしく、トレッキングを楽しむ観光客がたくさんいた。しかし、眼前に不気味に広がるのは、ネバダ国家安全保障施設。かつてのネバダ核実験場だ。

この砂漠地帯で100回の大気圏内核実験と、828回の地下核実験が行われた。92年からは核爆発を伴う核実験を中止し、臨界前核実験を続けている。[4)]

今でも核爆発でできたすりばち状のクレーターが数多く残っている。Googleマップで核実験場を見れば、地面にあいた無数のクレーターを誰でも見ることができる。

51年1月からアメリカ国内で始まった核実験。原子爆弾は爆発の中心部は100万度。強烈な光と衝撃波、熱線、爆風が生じ、大量の放射性物質を撒き散らす。甲状腺ガンを発症させるヨウ素131、肺ガンをおこすプルトニウム、あらゆる症状を引き起こすとされるストロンチウム90、セシウム137など、キノコ雲によって10㎞、20㎞の高さまで押し上げられた放射性物質は気流に乗って数百㎞、数千㎞もの範囲まで運ばれた。

こんなに危険な場所があるだろうか。

核実験場を眼の前に見ている自分が信じられないような気持ちだった。より強力な武器を作ることが目的になってしまった人間が、理性を失い、自国を放射能で汚染し続けてしまった。この場所で、人間が悪魔になってしまったのだ、と実感した。理屈ではなく、業のようなものなのかもしれない。そう思った。

何枚かの看板に当時のことが記されているが、観光客は半世紀以上前の話だと気にもとめない様子でハイキングを楽しんでいた。核実験場を目の前に、楽しげに歩く家族やカップルの姿は異様に思えて今も脳裏に焼きついている。

「この辺りは全部砂漠だったんだ。昔は4万人くらいだった人口が、今は300万人を超えているらしい。戦後はネリス空軍基地ができたし、ここから40マイルほど北に行った所にクリーチ空軍基地があるからね。小さい基地だけど、映画に時々出てくるよ」

ジムがそう説明してくれた。

途中、車を止めてカメラを回すと、実感したのはここでも「風」の音だった。

ソルトレイクシティで感じた風よりも強く、帽子が吹き飛ぶくらいの乾いた風が、ヒューヒューと絶え間なく西から東へ吹いている。まさに、西部劇の決闘シーンで流れるあの風の音だ。地上で、これだけの強い風を感じるということは、高い位置で吹く風の強さを容易に想像できる。遮るものがない黄土色の世界で生まれた放射性物質が、風に乗り、数千kmを移動することを実感させる音だった。


チャールストン山と、もう一つ、どうしても行きたかった場所がある。それは、ネバダ核実験場入口のゲートだった。核実験に最も近づくことができる場所でもある。


広大な砂漠にぽつんとゲートが存在して、そこには「RESTRICTED AREA（立入禁止区域）」と書かれた看板が掲げられていた。ゲートには幅の広い白線が引いてあり、無断で白線を越えると射殺される可能性があると言われた。

僕らはゲート前で撮影を始めた。すると、どこからともなく3台のパトカーが現れた。見渡す限りの原野のどこから現れたのか。車から降りてきた郡警察は銃を身につけていて重装備だ。ゲート前での取材は問題ない。だが、あまり刺激したくない。一度、撮影をストップした。重

NEVADA NATIONAL SECURITY SITE
RESTRICTED AREA
NO TRESPASSING
AUTHORIZED PERSONNEL ONLY

「立入禁止地区」の前で

装備の男たちの姿は、十分に威圧的だ。彼らは「ここで何をやっているんだ？」と声をかけてきた。彼らに対しては、ジムが丁寧に説明した。

「撮影を終えたら、向こうの広場に移動しろ。そこで話を聞く」とのことで、改めて撮影を再開し、移動することにした。

移動した道路沿いの広場には、一人の警察官が待っていた。改めて撮影のことを説明していた時、ふと、彼にインタビューできないかと思いついた。まさに、核実験場を守っている彼の思いを聞いてみたいと思った。ダメ元でインタビューを申し込むと、なんとすんなりとオーケーをくれた。話を聞くとまさに現場の声だった。

インタビューの終わりに、映像使用の許可をもらおうと話しかけると、これもすんなりオーケーが出た。しかし、彼の個人の許可は出ても、所属団体の許可が必要だ。彼は言った「ぼくはもちろんオーケーだけど、所属長はオーケーしないよ」。結局、このインタビューはお蔵入りとなった。

「我は死なり、世界の破壊者なり」

なぜ、ネバダという場所で核実験が行われるようになったのだろうか。より強力な武器を作ることが目的になった人間たちは、理性を失い、自国を放射能で汚染し続けてしまった。広島、長崎に原爆を投下した後、アメリカは大量破壊兵器を作り続けた。

原爆の父と呼ばれた物理学者ロバート・オッペンハイマー（１９０４－１９６７）。世界初の原子爆弾を開発した。彼の生涯を追った映画「オッペンハイマー」（日本では２０２４年公開）で、その経緯を知った人もいるだろう。

ドイツの研究者がウランの核分裂を発見し、ドイツがポーランドに侵攻して第二次世界大戦が始まると、兵器に用いるための研究が始まった。ウランの核分裂連鎖反応により、膨大なエネルギーが放出されることが明らかになったからだ。ドイツが一歩先に核開発を進めていることを危惧したルーズベルト大統領は追随した。

１９４２年６月、アメリカ陸軍が主導して、「マンハッタン計画」と呼ばれる極秘の原爆製造計画が始まった。43年ニューメキシコ州の台地に作られたロスアラモス研究所では、第一線で働く科学者たちが集められ、研究が進められた。初代所長に就任したのがオッペンハイマーだ。

45年４月、アメリカでは４カ月以内に原爆が完成する見通しが立ったことから、投下目標都市の検討に入った。都市の規模から17都市が選定され、京都、広島、横浜、小倉に絞られた。

そして長崎に投下されたプルトニウムを使用する爆弾は、構造が複雑で不確実なことが多いため実戦で使用する前に実験が必要だと判断された。45年７月16日、人類史上最初の原爆がすさまじい閃光をはなって炸裂した。[5)] 映画でも実験の過程や爆発の瞬間はリアルに再現されていた。

核実験の後にオッペンハイマーはヒンドゥー教の聖典バガバッド・ギーターの一節を用いて「世界はそれまでと変わってしまった。『我は死なり、世界の破壊者なり』」という有名な台詞を吐いたとされる。

8月6日広島、8月9日長崎に原爆が投下され、終戦を迎えたが、問題はここからだ。アメリカは戦後初の核実験を46年にマーシャル諸島で実施した。続いてソビエト連邦（現ロシア）が49年に核実験を行った。東西冷戦が深刻化する中で、朝鮮戦争が勃発（50年6月）すると核開発に拍車がかかった。

アメリカ原子力委員会（AEC）は、機密保持上の理由と、物資を供給する便利さからアメリカ本土内で実験場を作るように提言し、アメリカ南西部の荒野が望ましいとの中間報告をまとめた。候補地は5つに絞られ、「風下方向の角度90度、半径200㎞一帯の人口が最も希薄」で、敷地が最も広いという理由で、トノパー射撃場が選ばれ、ここにネバダ核実験場が作られた。人口の多いラスベガス方面に放射性降下物が飛ばない方向、南西または南東の風が吹いている時しか実験は行われなかったそうだ[6)]。

50年代の核実験と永遠につながる

1枚の地図がある。アメリカ大陸の上に放射性降下物の経路が核実験ごとに記されている。起点はネバダで大陸を横断する形で西から東に流れている。

ソルトレイクシティの風下住民、メアリー・ディクソンがいつも持ち歩いているという地図を作った人にどうしても会っておきたいと思った。それが『アンダー・ザ・クラウド』を書いた著者のリチャード・ミラーだ。

リチャードはかつて米国労働安全衛生局に勤務し、現在は自らの会社で環境コンサルティング業務に携わっている。彼は放射性降下物とガンの発生率に関する論文をいくつか発表していて、本は米国が行った核実験の実態を膨大な資料をもとに構成されている。厚さは3センチで、5巻1セット。このうち4巻は膨大なデータベースになっている。

「連邦政府は放射性降下物を実際に記録していました。それだけでなく政府はラーク・フライトと呼ぶ飛行機をアメリカ全土の隅々まで飛ばして実際に放射性降下物の雲が全土にまたがっていくのを追跡したのです。実際に54年か55年にその放射性降下物の軌跡を公表しました。そのことを本にしようと思ったのです」

ミラーは現在、テキサス州のヒューストンで家族と暮らしている。「これまでの放射性物質の広がりを考慮すると、ヒューストンが最も汚染が少ない」という理由だそうだ。

22年7月、4時間にも及ぶインタビューで明らかになったことは、核実験当初からアメリカ原子力委員会（AEC）は、全米の放射能汚染を厳密に測定し、その事実を知っていたという

リチャード・ミラー

ことだ。

そして、放射性物質が全米に運ばれ、大陸全域を汚染していた事実も把握していた。

「アメリカ原子力委員会と、軍、気象庁が政府と一致協力して国土を横断する雲を追跡しました。気象庁が作業のほとんどを担いましたが彼らは軍用機を使っていました。そして私はアメリカの地図を手に入れて放射性降下物を、ひとつずつ地図上に点を打って再現することに全力を尽くしました」

ネバダで核実験「レンジャー作戦」が行われたのは51年1月27日から。その後、放射性物質が1700マイル（約2785㎞）離れたテネシー州のチャタヌーガ川に現れた。そして、放射性物質は誰も予想しなかったような場所にも現れた。

ミラーはその時の様子を著書『アンダー・ザ・クラウド』に記録している。

〈ニューヨーク州ロチェスターを「世界最大の暗室」と呼ぶことがある。コダックの本社があるからというわけではなく、空が曇っていることが多いからである。オンタリオ湖の水蒸気と西風が、涼しく、曇りがちで、雨の多い気候を作り出しているのである。

ジョージ・イーストマン氏がロチェスターを写真加工工場の建設地に選んだのには、さまざまな理由があった。当時は空気もきれいだったが、何よりも天然の放射性物質が少ないことが重要だった。ニューハンプシャーやマサチューセッツのような花崗岩を多く含む土壌には、ウランやトリウムといった重い放射性元素が多く含まれている。人間には無害でも、フィルムには致命的なレベルである。ところが、ニューヨーク州北西部には、そのような放射性元素がほとんどないことが分かった。

1951年1月29日、雪の降る朝、技術者たちはガイガーカウンターが激しく鳴り響くのに気がついた。45年の再来だ。しかし、今回は放射能がより近くに来ており、彼らの上に降り注いでいる。

コダックのトップは、まずAssociation of Photographic（写真協会）に電話をかけた。

そして、その電報をアメリカ原子力委員会（AEC）に送った。

「何をやっているんだ！」

コダックのジェネラルマネージャーは、AEC委員であるサム・ナー・パイクに電話をかけ、この問題を知らせたのである。コダックの電話の後、パイクは軍事応用部門のR・T・コイナー大佐に電話をして、この問題を調べるように頼んだ。2月2日の朝、コイナー大佐はAECのニューヨーク事務所長に電話をかけ、調査を依頼した。同時に、ロチェスター大学の原子力プロジェクトの責任者が、AECのニューヨーク事業所安全衛生研究所の所長に電話をして、高い数値が出たことを知らせた。放射能が判明した時には、もうどうしようもなかった。1月31日、気温が上がり、一時的に雪解けが進み雨が降り始めた。さらに、ニューヨークの研究所には、この作業に適切に対処するための設備も人員もなかった。人手を有効に使うため、モニターは人や企業に最も影響のある場所、例えばロチェスターの写真工場に送ることにした。他の地域は、時間と体力が許す限り、順次調査することにした。事前通告がなかったにもかかわらず、AECのニューヨーク研究所は見事な成果を上げた。〉（同前）

放射性物質はネバダ核実験場から2000マイル（約3300㎞）離れたニューヨーク州のロチェスター周辺にたどり着いていたのだ。そのことがきっかけで、軍とアメリカ原子力委員会は、放射性降下物が国中を移動するのを追跡すべきだと気がついた。

ミラーは淡々と僕らに当時、アメリカ政府が行っていた事実を話してくれた。

核実験が始まった2年後に公表された、アメリカ原子力委員会が作成したリポート「核兵器による世界的影響　サンシャイン計画（"THE WORLDWIDE EFFECTS OF WEAPONS"）」には、52年4月1日から6月18日までの間、アメリカ全土92カ所に放射線観測所を設置したと書かれていた。ネバダでの核実験で発生した放射性物質はニューヨークまで達していたことを認めている。

「82、83年の出来事です。マサチューセッツ州ボストンのレキシントンの友人宅で、外に出ることができないくらいの吹雪に見舞われた日がありました。雲の軌跡の資料やアクリルの透明シートが手元にあって、退屈でほかにやることがなかったので、キッチンのテーブルで5、6時間ほどかけて透明シートの上から核の雲の軌跡をなぞってみたのです」

冒頭でも紹介したミラーの手元にあった地図は、核実験ごとの放射性降下物の経路を示すものだった。

放射性降下物はそのほとんどがアメリカ大陸を横断する形で西から東へ流れていることがわかった。放射性物質はアメリカ大陸を移動しつつ、雨や雪となって地上に降り注いだ。

「この地域では、カリフォルニア州（西海岸）からメイン州（東海岸）に至る空域が、一時期、放射性物質を含む雲で覆われていたことを示しています。それだけでなく、時折、同じ地域で交差していました。『同じ地域』というのが、私にとってはとにかく重要なことです。私が印をつけたのは、核実験の雲が最低3回以上交差している場所だけなのです。アメリカ国民は望

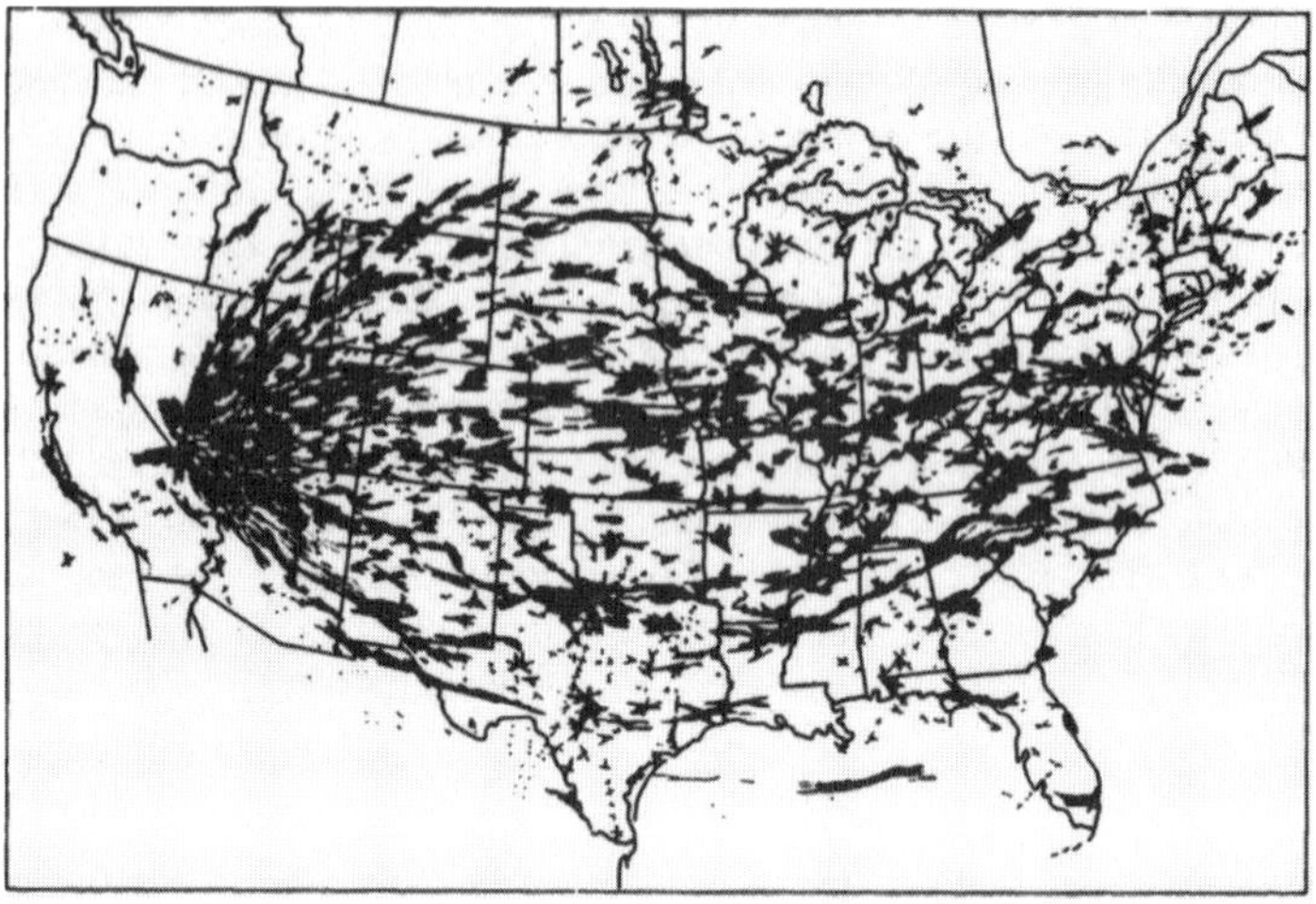

核実験ごとに、放射性降下物の経路を地図に記した

むと望まざるとにかかわらず、50年代に行われた核実験と永遠につながっているのです」

アメリカ原子力委員会の報告書にはこう書かれていた。

〈ストロンチウム90が最も危険な物質であり、核分裂反応によって最も大量に発生する物質であるとの結論に至った〉

〈「若い成長期の組織は、放射線のダメージを最も受けやすい」、「最もリスクが高いのは、極度に汚染された環境下において0歳から20歳までにストロンチウム90を蓄積し続ける人である」〉

ミラーはこう続ける。

「特にその時代に生きていた人ならなおさらですが、後から生まれた人でも50年代にできたホットスポットの中で生まれた人もいます。なぜなら核実験は雲を発生させ、それがアメリカ全土に行き渡ったからです。覚えておいてほしいのはこれらの放射性降下物の雲の軌跡は実際に広がっているということです。これらの軌跡の中心線は東に行くにつれて広がっています」

ニューヨークの市民が知らなかったかといえば、そうでもなく、遠いネバダからやってきた放射性降下物への危機感は市民の間でも広がっていた。

「例えば、ニューヨークでは放射性降下物によるパニックが起こり、ニューヨーク州のいたるところにガイガーカウンターが出現しました。ガイガーカウンターは、放射性降下物が降り注いだ場所を正確に特定するために大きな役割を果たしました。一方でミシシッピ川の東側では放射性降下物は検出されないという噂も出ました。

それはなぜだと思いますか？　ミシシッピ川の東側ではガイガーカウンターの電源を切ってしまったからです。それが真実かどうかは分かりませんが、これが噂になっていました」

当時、スマートフォンやSNSがない時代であっても、フェイクニュースは人々を混乱させた。

共和党政権下で研究が中止に

ミラーのパソコンでアメリカ疾病予防管理センター（Centers for Disease Control and Prevention, CDC）のデータベースサイトを見せてもらった。このサイトは79年から現在までのデータを見ることができる。また、アメリカ合衆国環境保護庁（Environmental Protection Agency, EPA）とＣＤＣは50年から79年まで、全米の郡ごとのガン発生率の本を作った。ミラーが言うには、国民の疾病を追跡して次の病気の発症を予測しようとしているそうだ。

「彼らは死亡率や場合によっては、病気であってもまだ亡くなっていない人の病的状態を統計的に記録しています。そして、次の病気の発生場所を予測しようとしています。アメリカ国立衛生研究所（National Institutes of Health, NIH）は、アメリカ国立ガン研究所（National Cancer Institute, NCI）とともに、保健福祉省公衆衛生局の下にあります。これらはすべてニクソン政権下の70年に創設されました。それぞれのガンにはＩＣＤコードすなわち国際疾病分類コードがあります。ウェブサイトで調べたい病気のＩＣＤコードを入力するとそれが表示されます。ＣＤＣのデータベースでは、例えば『郡、ガンの名前、病気、階段からの転落』などの項目で検索をかけると、年間または10年間に何人が死亡したかを教えてくれます。

83、84年頃に議会はＮＣＩに対しヨウ素131の被ばくを評価するよう命じました。しかし、彼らはそれを行いませんでした。私はすべての資料をまとめて、97年10月にヨウ素131について、放射性降下物を受けた全国の地域とガンの発生状況について発表しました」

ヨウ素131とはウランなどの核分裂によって作られる放射性物質で半減期は約8日。常温ではガス状で人間の体内に入るとほとんどが吸収されずに排出されるが、一部が甲状腺に集まり長期にわたって大量に蓄積された場合には、子どもの甲状腺ガンの原因になると指摘されている。[7)]

NCIからは98年の11月に、甲状腺ガンと放射性降下物のヨウ素131の関連性についての論文が発表されたという。

「ヨウ素131と甲状腺ガンとの間に、確かに関連性があることを示したのです。しかしここで問題なのは、実際にヨウ素131の研究の対象となった母集団が非常に小さいということです。また、ヨウ素にもさまざまな種類があります。135、130、132、133などです。NCIはそれらを研究していません。彼らはヨウ素131ひとつしか研究していません。それでは不十分だったのです」

問題なのはそれだけではない。論文が発表されてから自分たちの地域の住民の健康を心配して、対策を講じようとする議員もいれば、しない議員もいた。

「彼らの関心がどこにあるのかを知る必要があります。放射性物質が体内に入ると、なぜ深刻なダメージを受けるのかを説明するのはとても簡単なことです。これらの放射性物質の多くは、発ガン性物質として分類されています。

例えばアメリシウム241は発ガン性物質で、万が一、肺に入ればアルファ粒子が発生して毎日、何か悪いことが起こるまで細胞を攻撃します。つまり、原子爆弾の爆発によって生成される放射性物質は、ほとんどではないにしても、発ガン性物質であることはすでに確定しているわけです。

しかも、政府は『放射性物質はいつでも私たちの周りにある』と言ってきたのです。御影石やラドン。彼らはいつも、ネバダの核実験場から降り注ぐ放射性降下物を、太陽や花崗岩のような外部からの放射性物質と比較して軽んじるのです。

放射性降下物が体内に取り込まれてしまったとすると、ベータ線、ガンマ線、アルファ線が放出され遺伝子を傷つけます。そして、細胞が自己修復しようとして、うまくいく場合もあれば、そうでない場合もあります。免疫系が損なわれるとガンになるかもしれません。つまり、このような情報は市民には受け入れられており、この種の話はよく知られているのです」

多くの量の放射性降下物がガンを発生させると判断されるためには何が必要なのだろうか。

「それぞれの核実験を評価すれば簡単に分かります。これらの物質が実際にガンを引き起こすかどうかを評価するためには、それぞれの郡にまたがるガンの発生率を調べなければなりません。潜伏期間とは最初の被ばくからガンを発生するまでの期間であり、20年から30、40年はかかると言われています。ですから私たちは時間をかけて追跡調査をしなければなりません。私たちはその元になる情報を持っています。ですからアメリカやその他の国の放射性降下物のレベルと発ガン率を統計的に比較したらいいのです」

ガンに対する捉え方の相違もある。世の中には、放射性降下物のことをまったく考えない医師や腫瘍学者もいる。彼らは、ガンの原因が放射性降下物ではなく生活習慣由来だと思っているのだ。

例えば、典型的なガンである大腸ガンの場合、特定の食品を食べたり、太りすぎだったり、生活習慣などの要因がある。患者の情報が少ないので、その人にとって何が本当の原因なのか突き止めるのは極めて難しい。

「残念ながら、放射性降下物について論じた疫学研究はほとんどありません。その理由の一つは、扱うべきデータが手に入らないからです。もちろん大学など学術的な状況下にいるのであれば助成金によって資金を調達できるでしょう。すべては権力者である政権次第です。私のチームが、テキサス・シティの化学工場や製油所で働く人たちから脳腫瘍を発見した時、カーター政権ではあらゆるデータを利用できましたが、レーガン政権が誕生すると状況は一変しました。ＮＣＩなどの機関に相談することもできず、『電話をかけてくるな』と、言われました。そして、この研究は取り上げられて他の研究者に渡されてしまいました」

ミラーは、核問題や放射性降下物の問題に取り組む時は、先入観を持たないためにも、個人的な見解を入れないようにしているという。

キノコ雲は気流に乗って全米中に流れる

51年1月27日から5回の核実験が行われたレンジャー作戦の地図は非常に難しい作業だったとミラーは言う。

実際に大きな地図を描くには1時間半から2時間くらいかかったそうだ。

「いくつかの核実験でも同じようにして私は都市ごとに放射性降下物を追跡できるようになりました。郡単位でも、村ごとでもです。

ある核実験ではハリー・S・トルーマン大統領の生誕地・ミズーリ州ラマーを横切る雲が発生しました。私が言いたいのは、核爆弾が爆発すると、ベースとなる雲、幹、そして、雲そのものであるキノコができ、成層圏の高さまで及ぶことができます。地表では西から吹いてきた風はそのまま東に吹きますが、２０００フィート上空では北から南、あるいは南から北に吹くように、いろいろと不規則なことが起こります。重要なことは高度によって風向きが変わるということです。

アメリカには、放射性降下物を収集する場所が数多くあり、私がパイロットの免許を取得したミズーリ州カークスビルもその一つでした。私が知っている限りでは、放射性降下物を集める小さなボウルが備え付けられていました。そして、それを小瓶に詰めてモンゴメリーにある研究所に送り分析します。

一つ強調しておきたいのは、地図上に線がないからといって頭上を横切る雲がなかったとは限らないということです。雲はどこもかしこも横切っていたのです」

そしてアメリカ原子力委員会は、ネバダ核実験場の南に位置するラスベガスや西のカリフォルニア州方面ではなく、砂漠地帯の広がる東側、人口が比較的少ないユタ州に向かって風が吹いているタイミングを選んで大気圏核実験を行っていた。

全米に飛来した放射性降下物は、やがて思わぬ形で市民の闘争心に火をつけていった。

3章

「乳歯」が起こした奇跡

60年ぶりの邂逅

アメリカ中西部ミズーリ州セントルイス。第二次世界大戦後、シカゴ、デトロイトにつぐ内陸第3の工業都市に発展した。

「左側にガソリンスタンドがいくつかあったんだけどなあ」

現在デンマークで暮らすエリック・ライスは、両親と9歳まで暮らしていた家を訪れるためセントルイスに戻ってきた。

「ここはウォーターマン通りだよ。この辺の家は1904年のセントルイス万博の頃に建てられたんだ。これがマックナイト通りにあった最初の家、庭もそのままだね」

60年を経ても彼の記憶は驚くほど鮮明で、当時の出来事を昨日のように覚えていた。家族との思い出の写真を頼りに、車の中で生家を探している最中でも、ストリートや友達の名前などが次々とあふれでてきていた。車で探すこと数十分、エリックが生まれた時のアパートは、遊んだ坂道や庭もそのままだったので簡単に見つけることができた。

最初に住んだアパートはそのままの姿で残っていた。アパートの裏にあった幼い頃に遊んだ

かつて住んでいた家を指す、エリック・ライス

坂も、そして庭にあった木も60年前のままだった。

「私たち子どもにとって、三輪車であの坂を駆け下りるのはスリルがあって、とても危険なことだったのです。そしてここが私たちの家です。父と母はここでよくバーベキューをしていました。そして、キッチンがあって、そこが私の寝室です。この窓はなかったと思います。これは母が私を抱いている写真です。ちょうどここで撮りました」

エリックは夢中になって思い出をカメラに向かって語った。

翌日、僕らは、彼が3年後に引っ越した2番目の家を探すことにした。奇跡を起こした、アメリカ、いや世界の人を救った大事な場所だ。

朝、エリックが宿泊していたホテルを訪ねると、彼は昨夜、思い出をたどり、2番目の家があった場所の見当がついたと言った。さっそく、その家に向かった。

　現地に到着し、車から降りると、エリックは確信をもった様子で「今から行く、次に住んだ家は2つの尖った屋根が目印だよ。大きなシカモアの木があったのに今はもうないな……。ここに大きな木があったのになくなっている」

　一家はセントルイス市内の新しい3階建ての家に引っ越した。外観は変わっていなかったので、家はすぐに見つかった。60年前の家が残っているなんて、日本では考えにくいが、アメリカの多くの家は、１００年を超えても普通に人が暮らしている。

　その家には現在、別の家族が住んでいた。家主のエイヴォン・エバンは、僕らの突然の訪問に、上半身裸で現れた。彼は笑顔で迎え入れてくれた。

　カメラを回すことを伝えると「ちょっと待って、Ｔシャツを着てくるよ！」と笑顔で言うと再度現れて、「どうすればいいの？」と優しく対応してくれた。懐かしい家は、当時のままだった。

「この家に戻ってきたのは60年ぶりです。不思議な感じです。本当に感謝しています。私はこの家が大好きでした。ここで過ごした子ども時代は人生の大切な一部です」

　エリックは、声をつまらせながら言った。撮影していた僕は、不覚にも彼が泣いていたことに気づいていなかった。

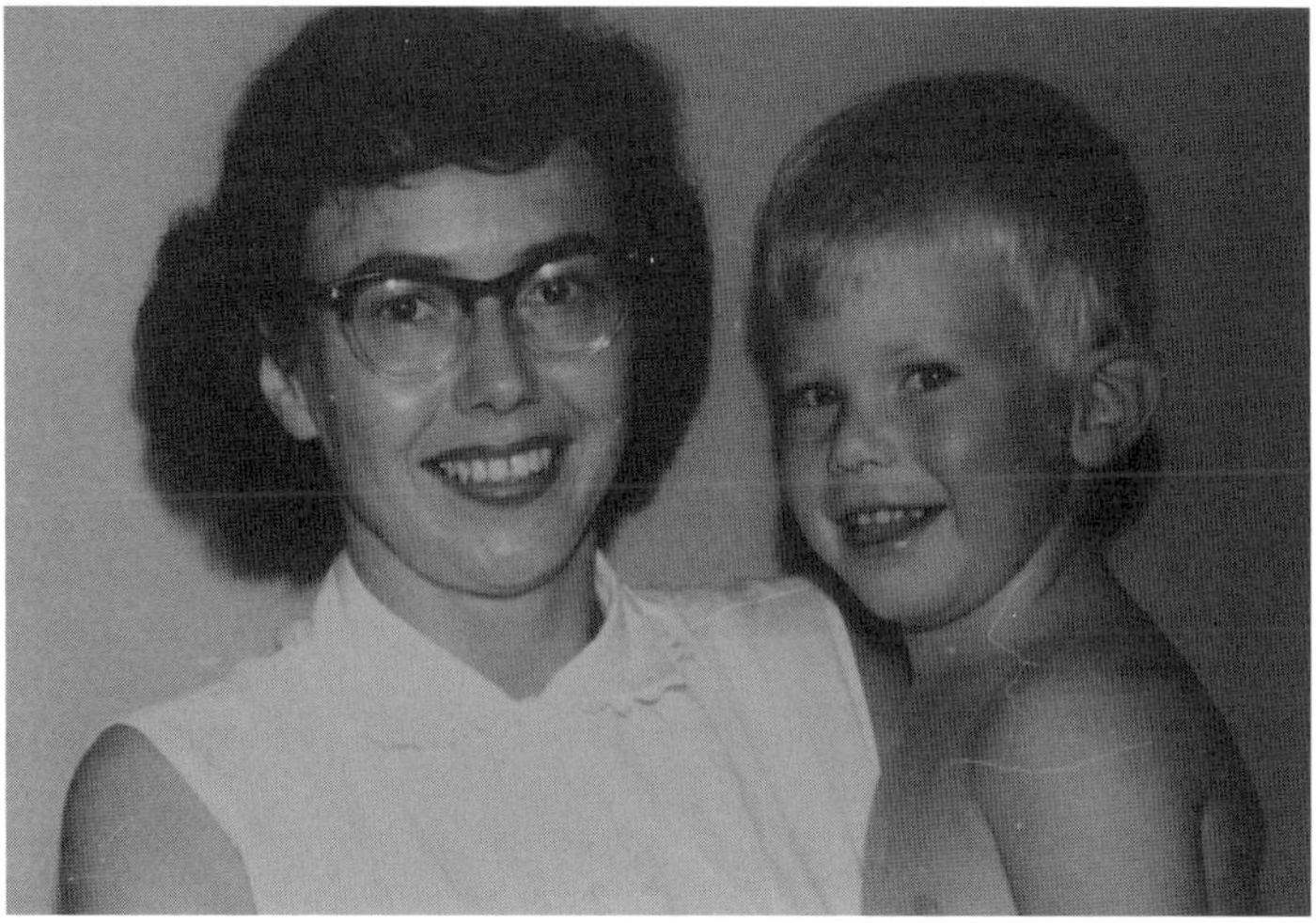

幼いエリックを抱く母のルイーズ・ライス

医師であるエリックの母、ルイーズ・ライス（1920‐2011）は〝あること〟を心配していた。エリックがまだ幼かった50年代半ば、全米の牛乳が放射能で汚染されているという噂が広がったのだ。

特に強い不安を持ったのは母親たち。ルイーズは同じく医師の夫エリック・ライス（1924‐1988）とともにこの問題に強い関心を抱いていた。

「私が覚えているのは、1950年代後半のセントルイスではまだ牛乳配達人がいて、裏口から牛乳やバター、卵を配達してくれていたことです。ところが突然、その牛乳配達人がいなくなり、粉ミルクを水で溶かして飲むようになりました。私はどちらかというと粉ミルクは嫌でしたが、両親は牛乳を私には飲ませませんでした。両親は放射性降下物の問題に強い関心を抱いていて、私はその話をよく聞いていましたが、まだ幼かったのでほとんど理解できませんでした」

父のエリックは元軍人で、54年までの4年間陸軍に所属していた。除隊後にワシントン大学の内分泌学の助教授を引き受けたことに伴いセントルイスに引っ越してきた。

当時のアメリカは女性は結婚をした後、専業主婦になるのが一般的だった時代だが、母のルイーズはセントルイスの学校区で医師として働いていた。

「その当時、女性の医師はあまり多くありませんでした。母は45年に医学部を卒業したのですが、ちょっと経歴が面白いのです。最初はニューヨーク州のある大学に進学したところ、そこは社交クラブのような場所に出入りする女子ばかりがいて、母はそのような習慣が嫌いだったのです。ペンシルベニア大学に転入し、美術を専攻していました。3年生の時に女子医科大学にスカウトされたのです。戦争で医師が必要だったので医師にするためです。母は美術系の大学を卒業せず、そのまま医学部に進み、卒業後にニューヨークのホワイト・プレーンズで医師としてのキャリアをスタートさせました。フィラデルフィア総合病院へ行き、インターンとレジデントを経験。そこで私の父と出会いました」

働く母親を近くで見ていたせいか、エリックが心底母を尊敬していることが僕にも伝わってきた。「学者でもあったので、とても興味深い存在でした。私が知っている他の母親たちとはほとんどの部分で違っていました」と、母を語るエリックはどこか誇らしげだった。

ルイーズはエリックにキノコ雲のポスターを描き、広島と長崎での出来事を説明したことがあったそうだ。

「母は5歳の頃にポリオにかかったせいか、その後遺症で少し足を引きずって歩いていました。ポリオのワクチンが開発されてから、母は内科医としてセントルイスで何千人もの生徒にワクチン接種をしていました。両親が放射性降下物の問題に強い関心を寄せていたのは、放射性降下物はポリオと同じく目には見えないからです。それが体内で悪影響を及ぼすことに懸念を抱いていました。どうすれば科学的に中立で偏りのないデータを得ることができるのか、2人はそれを調べることにしたのです。

また、この2人はとても面白い組み合わせでした。もし2人が一緒に仕事を続けていたら、もっと奇跡的なことができたのではないかと思っています。

父の仕事の都合でシカゴに引っ越す63年までセントルイスのこの家で暮らしましたが、彼らの人生においてとても重要な時期だったと思います。主に〝乳歯調査〟のために彼らは科学の分野でとても重要なことをしました。ここセントルイスでは良い友人にも恵まれました」

60年ぶりの我が家に足を踏み入れたエリックは少し興奮していたようだった。当時の記憶が次々と蘇っていたのだろう。時折、カメラの向こうで彼は涙を流していた。

セントルイスで起きた騒動

１９４０年代から50年代にかけて、アメリカ人は牛乳をたくさん飲んでいた。実際、多くの母親が母乳の代わりに牛乳を赤ちゃんに与えていたので、親たちを心配させた。全米の牛乳が放射能で汚染されているという噂が広がっていた時、街の病院ではパニックが起こっていた。幼い子どもを持つ母親たちは小児科医に次々と質問を浴びせたそうだ。「本当に危険があるのですか」、「子どもたちにはミルクはあまり飲ませないほうがよいのでしょうか？」、「他の食物の中のストロンチウムの含量は？」など[1)]。

ネバダから遠く離れたセントルイスではいったい何が起きていたのか。

「核爆弾に反対する母親たち　乳歯調査と核実験禁止　セントルイスでの運動、１９５４〜１９６９年（Mothers against the Bomb　The Baby Tooth Survey and the Nuclear Test Ban　Movement in St. Louis, 1954-1969）」という論文を２０１８年に発表した、ニューメキシコハイランズ大学助教授のルーク・リッターに話を聞くことにした。僕はアメリカでの取材も後半にさしかかっていたが、予定を変更してセントルイスにとどまることにした。

ルークは24歳の時、偶然、ある出来事に遭遇した。ミズーリ大学セントルイス校の西部史資

ルーク・リッターは核実験に反対する母親たちについての論文を発表した

料コレクションを訪れた時、記録の中から見つけたのが「環境情報記録委員会」と呼ばれる資料だった。運ばれてきたのは両手で抱えることができるくらいの箱で、最初のフォルダーを開けると書類の中に小さなマニラ封筒が入っていた。

封筒を取り出そうとすると、テーブルの上に小さなかけらが落ちた。よく見ると、それは子どもの歯だった。

資料には会議の議事録や手紙のやりとりなど、セントルイスでの運動に関する情報が残されていた。大学の教授や識者らが集まり、女性を中心とした市民と共闘して子どもたちを救おうとしてプロジェクトが立ち上がり、核実験を中止させる運動に発展していったのだ。

プロジェクトの中心となった女性がルイーズ・ライスだった。

ルークは50年代にセントルイスの市民たちの間

で起きたパニックの経緯について語った。

「放射性降下物は牧草を汚染し、それを牛が食べることによって牛乳に入り込みます。多くのアメリカ人がその牛乳を飲んでいたので、人々は混乱しました。

45年にアメリカ人がニューメキシコの砂漠で初めて核実験を行った時、政府は放射線の影響を充分には理解していませんでした。しかし、次第にアメリカ人は放射線が人に有害な影響を与える可能性があることを、時間をかけて学んでいったのです。アメリカ議会はアメリカ原子力委員会（ＡＥＣ）に調査を命じました。アメリカ人の食生活にどれくらいの放射性降下物が入り込んでいるのか、放射性降下物の影響はどのようなものなのかといったことを調べるために、ＡＥＣは『プロジェクト・サンシャイン』と呼ばれる研究を開始しました。

58年に米国の公衆衛生局が９つの都市の放射性物質を調べることになり、その結果、ストロンチウム90が最も少なかったのはカリフォルニア。そして最も多かったのがセントルイス。だから市民の間では動揺が広がったのです」

なぜネバダの核実験場から遠く離れたセントルイスで放射能による汚染が広がったのか。

歴史的背景を踏まえながら解説してくれたのはアメリカの科学者ジョセフ・マンガーノだ。

公衆衛生の専門家が組織し、放射線の影響を研究する「放射線と公衆衛生プロジェクト」ＲＰＨＰ（Radiation and Public Health Project）のエグゼクティブ・ディレクターとして、放射能汚染と健康被害の因果関係について長年研究に取り組んでいる。

「セントルイスは核実験が行われたネバダ州からおよそ１０００マイル（１６１０㎞）くらい離れています。大きな雲は4万フィート（12・２㎞）の高さまで上がって行きました。偏西風に乗って西から東に向かいます。そして食物連鎖に加えて体内に入る方法は雨と雪です。ネバダのような場所ではあまり雨が降りません。さらに東へ進むとユタ州やアリゾナ州も非常に乾燥しています。降水量が多くなるのはミズーリ州のセントルイスのような場所なのです。

アメリカの東部は西部よりもずっと雨が多いということです。実際ストロンチウム90が最も少なかったのはカリフォルニアで、乾燥しているうえに風上にあったからです。雨もほとんど降りませんでした。セントルイスのような場所では風と雨によって、ユタ州ソルトレイクシティ、ネバダ州ラスベガスよりも牛乳や歯にストロンチウム90がより多く含まれることになったのです。セントルイスで放射性降下物について関心が集まったのはそのためです」

ジョセフが２０１２年に刊行した『原発閉鎖が子どもを救う』（緑風出版）には、政府と科学者たちを取り巻く状況が詳細に書かれていた。

それによると１９５６年の大統領選挙で、民主党の候補者が放射性降下物の危険性に言及し、水爆実験に公然と反対した経緯から、選挙で勝利したドワイト・D・アイゼンハワー第34代大統領（任期53年１月〜61年１月）は、核実験による放射性降下物を測定するシステムを構築した。

翌年の春には、公衆衛生局のシステムが稼働して、５つの都市での観測が始まった。58年には９都市、60年には60都市で観測が行われるようになった。観測する対象は、水、空気、牛乳で、測定結果は月例報告に入れられた。

特に関心が高かったのは「牛乳」。乳幼児と子どもは成長期には大量の牛乳を飲むからだ。ヨウ素131、ストロンチウム89、ストロンチウム90、セシウム137、放射性カルシウム、放射性カリウムが測定された。その結果は核実験が行われた月に急増して１、２カ月でゼロに戻った。

注目したいのは58年に測定した牛乳に含まれるストロンチウム90の値だ。

ストロンチウム90の半減期は28・７年。カルシウムに似た金属で呼吸や飲食で体内に入ると、体はカルシウムと思い骨や歯に吸着する。ほかの放射性物質よりも長く人体に残るので内部被ばくを引き起こし、体内の細胞やＤＮＡを損傷させ発ガンの可能性がある。

９都市の中で最高レベルだった都市は中西部に位置するミズーリ州のセントルイス（15・48ピコキュリー／リットル）。南東部のジョージア州アトランタ（11・02ピコキュリー／リットル）が続いた[2)]（注：１ベクレルは27ピコキュリー）。

ネバダ実験場の風下住民だけでなく、中西部や南東部、遠くはなれた東海岸も放射性降下物の影響が出ていたのだ。

科学者と市民の〝共闘〟が始まった

核実験が始まった当時、メディアの報道も政府の意向を反映するものだった。軍部が核実験を行う際には、報道陣を招いてその模様を撮影させて報道させた。保守的なモルモン教徒が多数を占めるユタ州では、どの地域よりも汚染されていたというのに批判的な視点はまったくなかったそうだ。[3]

「核実験の放射性降下物が安全であるということは政府が証明しなければならないと思っています。しかし、残念ながら現実にはそのようにはなっていないのです。問題なのは政府が許容線量以下であれば健康被害はないと設定していることです。ひとたび健康被害が起こった時、被害を証明する責任は被害を受けた人々の側や、独立した研究者に置かれるのです。例えば、核兵器を製造する工場で働くとガンになるという研究をした大学の科学者の話はいくつもありますが、彼らは事実を公表しようとすると助成金を失い解雇されることもありました。自由な発想と開かれた思考に基づく大学の仕事。それが許されなかったのです」（ジョセフ）

そのような状況の中でも声をあげた医師や科学者たち、研究者がいた。

核実験の中止を求めて立ち上がった一人が、アルベルト・シュヴァイツァー（1875－1965）。医師としてアフリカの貧しい地域に、病院と診療所の建設に尽力したことでノーベル平和賞を受賞した。57年にはラジオ放送を通して核実験の中止を訴えた。

〈(放射性降下物について) 収集された物質をかんがみると、まだ全容を導き出すには至っていないが、核爆発から生じる放射性物質がすでに人類に軽視すべからざる危険をもたらしており、さらなる核爆発はこの危険をただならぬ程度にまで高めるという結論を導き出すことができる。(57年の反核の「良心の宣言」[4])

もう一人重要な人物がいた。54年にノーベル化学賞を受賞したライナス・ポーリング(1901-1994)[5]。62年地上核実験に対する反対運動の業績によりノーベル平和賞を受賞した。ポーリングは生物学者のバリー・コモナー(1917-2012)らと協力して、核実験禁止の署名活動を始めた[6]。米国中の科学者約1万1000人の署名を集め、58年1月にポーリングはこれを国連に届けて核実験の中止を訴えた。

セントルイスでも「全米9都市の中で牛乳に含まれるストロンチウム90の量が最も多い」という結果が出てから、世間の風向きが少しずつ変わってきた。

『健康被害を及ぼすには低すぎるレベルであり、私たちは健康調査を行うつもりはありません』という政府の姿勢に対して、セントルイスの市民や科学者たちは疑問に思っていました。そして、科学者と市民の両グループが力を合わせることになったのです。連携してこの問題に取り組む、それは他の地域には見られなかったことです。ワシントン大学では多くの教員が核実験の継続に公然と反対していました。彼らは放射性降下物についての情報を収集して、公衆に伝えるためにも科学者と市民のグループが必要だと判断したのです」（ジョセフ）[7]

バリー・コモナーらワシントン大学の教授が集まり、「セントルイス都市圏核情報市民委員会（以下、セントルイス委員会）」を立ち上げた。

58年3月23日の会合で、次のような声明が出された。

〈私たちは核実験、核戦争、その他の核エネルギー利用の結果についての情報を集め、普及するために「セントルイス委員会」の結成を決心した。これら生命にかかわる問題について、健全な公共政策の発展に効果的に貢献できるよう、市民が科学的情報を身につけるためである。[8]〉

ルークと会った後日、僕はミズーリ州歴史協会に出向き、ルークが大学院時代に見つけたファイルボックスを探した。案内してくれたミズーリ州歴史協会アーキビストのザック・パリッシュは、僕のリクエストを嫌がらずすべての資料を探し出してくれた。感動するほど協力的だった。「なぜ、こんなに急に来た僕らに尽くしてくれるのか」と尋ねると、笑顔で「僕らの仕事はあなたのようなジャーナリストや研究者のために存在するんだから当然のこと」と、答えてくれたことに感動を覚えた。

ルークが「核爆弾に反対する母親たち」の論文を書くきっかけとなった2600ページに及ぶ資料には、研究データのほかに、乳歯を提供した子どもの手紙、研究機関や各国の研究者との書簡などが含まれていた。その中に「セントルイス委員会」の活動の記録が残されていた。記録や議事録は国によっては大切な部分を黒塗りにして読めなくしてしまったり、公文書そのものが書き換えられてしまったりすることがある。民主主義の根幹を揺るがすものだ。個人情報のすべてが当時のまま保存されていたことに、あらためて記録を残して後世に伝える大切さを実感した。ザックはすべての資料を手作業でデータ化してくれた。

ある日の議事録を見ると、メンバー構成が書かれていた。

会長はワシントン大学工学部名誉学部長のアレクサンダー・S・ラングスドルフ、バリー・コモナー博士夫妻ら、ワシントン大学の教授が要職に名を連ねていた。

メンバーの構成を見て感じたのは、教授の妻も参加していたことだ。「―夫人」と女性たちの名前が議事録に出ていなかったことを見る限り、その時代の女性たちの置かれた立場が推測できた。

役員には国際婦人縫製労働組合中央州地域広報部長のラッセル・ブロディン、トリニティ長老派教会のエルドン・クレイ・フライ牧師、広報コンサルタントなど大学以外の関係者も含まれていた。セントルイス委員会は錚々たる肩書きの27人で構成されていた。

メンバーは市民向けにニュースレターを発行し、会員の募集に力を入れた。特に母親たちが心配している子どもへの健康リスクが主要なテーマだったが、信頼できる研究、データが欠けていることを自覚していたという。牛乳のデータだけでは、健康リスクを評価するのには不十分と結論づけていた。

ルークが言う。

「ストロンチウム90の体内への取り込みを研究する際の問題点は、人間の骨を分析するのが非常に難しいということなのです。そして、研究対象となる人の骨を見つけることは困難を極めました。

そんななかワシントンの国立衛生研究所に勤めていた生物学者のハーマン・カルカー博士が、乳歯で放射性降下物が人体にどのくらい蓄積されているのかを追跡する方法を科学雑誌『ネイチャー』で提案したのです。幼い子どもの乳歯を集めれば十分な量の骨を集められるのではないかと思いつきました。また、カルカーは大人よりも子どもたちが放射性降下物をより多く取り込むと警告していました。セントルイス委員会は、このアイデアを米国公衆衛生局に提出し、ワシントン大学歯学部とセントルイス大学歯学部の協力でラボを立ち上げるための大規模な助成金を得ました。その資金をもとに彼らはすぐにセントルイスとその周辺地域の乳歯を集め、『セントルイス乳歯調査（the Baby Tooth Survey）プロジェクト』が設立されたのでした」

カルカー博士は論文の中で、「子どもの乳歯は一定時期の後に抜け変わるので、歯の中に溜まったストロンチウム90の分析は容易に行える。さらに、その結果は骨の状況と直接結びつけられる」と指摘した。

セントルイス委員会のメンバーたちはこの部分に注目して、「有効な結果を得るためには少なくとも10年にわたって年間5万本の乳歯を集める必要がある」と計算した。

カルカー博士の論文をもとに、乳歯を収集して歯の中に蓄積した「ストロンチウム90」を調査する「セントルイス乳歯調査プロジェクト」が結成された。初代の所長にはエリックの母、ルイーズ・ライスが抜擢されたのだ。

エリックはその時のことを鮮明に記憶していた。

「両親は気の合う医師や物理学者、ワシントン大学出身の人たち、それに広報関係の人、歯学部の人などと集まってグループを作っていました。ミーティングをするのは我が家のリビングルームで8人か10人がコーヒーを飲みながらテーブルを囲んで座っていました。

ある日突然『乳歯調査プロジェクト』が誕生したのです。

ミーティングは夜遅くまで続いたので、私はその会話にはあまり参加しませんでした。それに私はまだ子どもでしたから、夜遅くなると寝室に行きなさいと言われたのです。大人たちが夜遅くまで我が家で話し合いを行っていたことは知っています。

母に『みんなはどうやって母さんをディレクター（所長）に選んだの？』と、聞いたら母は

『典型的な状況だったわ。私が居ない間に決まったの』と答えました。

たしか、母がコーヒーを飲みに外に出たのだと思います。みんながそろっているリビングに戻ると『ルイーズ、あなたを乳歯調査のディレクターに任命します』と、言われたのです。会合は定期的に開かれていました。乳歯調査が実際に始まった時彼らには本部がありませんでした。お金もありませんでした。ですから予備調査の多くは我が家で行われました」

並み外れた仕事をしたルイーズ・ライス

ルイーズは並外れた仕事をしたとルークは語った。

「彼女の最初の仕事は難しい科学を一般の人たちにわかりやすく伝えることでした。まず『原子力情報誌』を創刊しました。放射性降下物や原子力科学の様々な側面について一般の人々にアピールするような意図的な表現を用いた記事を掲載しました。この雑誌は一般に公開されました。

乳歯調査プロジェクトのディレクターとして活躍したルイーズ・ライス

また、全メディアキャンペーンを開始しました。子どもたちに自分の歯を送ってもらい、それを科学に寄付するように説得しました。乳歯調査のためには多くのボランティアを動員して乳歯を集める必要がありました。これは乳歯調査のメンバーが地元の公立学校などを訪問して子どもたちに乳歯調査のプロジェクトについて説明をして、賛同するよう説得しました。歯のない笑顔の子どものイラストが描かれたバッジと調査に協力したという意味の言葉が書かれたカードを作り、提供してくれた子どもにプレゼントするアイデアを思いつき、広告キャンペーンを展開して関心を集めようとしました。これが驚くほど成功したのです。このように並外れた仕事をしました」

ルイーズの自宅のリビングに、地域の大人たちが次々と入って作業をし始めた。

幼いエリックの目に映った大人たちは、エンターテイナーのようにいきいきとしていたそうだ。

「ある日、母が折りたたみ式のテーブルをたくさん持って帰って来た時がありました。その後、突然見知らぬ女性たちが毎朝やってきて、テーブルをセットして椅子に座り、郵便局から届いた大きな袋から出したものを仕分けしていたのを覚えています。それらは『歯』でした。大変な活動でしたよ。5人の日もあれば50人ぐらいの人がいた日もありました。部屋の中にいつもテーブルがたくさんあって、私の知らないたくさんの人たちが家にやって来ていました。郵便袋や歯の仕分けだけでなく、中には原子力資料情報室が出していた会報の封筒に詰め物をしている人もいました。彼らが最初のオフィスを手に入れるまでしばらくの間続きました。私が4歳か5歳の頃の話でした」（エリック）

乳歯調査の議事録にも、乳歯調査を10年間のプロジェクトとして年間5万本の乳歯を集めるのが目標と定められていた。その一方で歯を特定して分類する歯科医のグループを組織したり、テレビなどのマスコミに宣伝したり、役割分担を決めて組織化していったことがうかがえる。

予算を得ると歯の提供を求める大掛かりな宣伝をスタートさせた。

西洋では乳歯が抜けた時に、抜けた乳歯を子どもの枕元に置く習慣がある。夜中に歯の妖精「TOOTH FAIRY《トゥース・フェアリー》」がこっそり現れて、その歯を受け取りに来て、お礼にコインやプレゼントと交換すると言い伝えられている。生えかわる永久歯が丈夫でありますようにという願いが込められていた[9]。この習慣が後に大きな奇跡を起こすことになった。

同委員会が発行したニュースレターには、テレビコマーシャルを使って歯の提供を呼びかけていたことが書かれていた。

〈歯の妖精は夜中に子どもたちが寝静まっている時静かにやってきたものだが、いまでは真昼間にあらわれて、宣伝のためのスポットライトも歓迎する。彼女はセントルイスのテレビに定期的にあらわれて、スポット広告で子どもたちに乳歯調査のために歯を送るよう

に促している〉[10]

プロジェクトではまずセントルイス市を中心とした半径５００マイル（８０５㎞）のエリアから乳歯を集めることからスタートした。

「乳歯調査が始まってから、私たちは『私は私の歯を科学に捧げました』と書かれた小さなボタン（バッジ）を手に入れました。それはもう興奮しましたよ。新聞記者が我が家に来て、友人のダニー・リブソンと私がコートに付いているボタンに感心しているところが後日、新聞に載ったのを覚えています。ある時はテレビ局のクルーがやって来て母や他のスタッフの何人かにインタビューをしていました」（エリック）

エリックの話を聞いていると、セントルイスの女性たちがリビングに広げたテーブルの上で、仕分け作業をしている様子が目に浮かんできた。子どもたちの健康、いや命を守るために親たちは必死だったのだ。いつの時代も子を思う親の気持ちは変わらないもの。

ルークによれば、ルイーズは広報活動と並行して多くの女性団体を勧誘していった。例えば、カトリック協会、ユダヤ人協会、歯科医師会、公立学校で働く多くの人たちからボランティアを集めた。イデオロギーを排除して、草の根レベルで手をつないでいった。

馴染みのない組織に所属する者同士が手と手を取り合って一つの目的に向かって動く時、対話が求められるはず。短期間で、多くの人たちと話し合いながら共感の輪を広げていった。

もし、ルイーズや乳歯調査に協力した女性たちがいなかったら、科学者たちはこのような情報を集めることはできなかっただろう。

「アメリカ人に、『これは価値のある研究だ』と、納得してもらわなければならなかったのです。放射性降下物の危険性についての認識を高め、さらに人々に寄付をするように説得する必要がありました。政府を変えるために乳歯調査プロジェクトのボランティアたちはムーブメントを起こしていったのです」

そう語るルークの言葉に胸が高鳴ってきた。

歯を送って記念のバッジをもらいましょう

ルイーズは乳歯を集めるために2種類のカードを用意して、それを乳歯の提供者に配った。

3インチ×5インチ（7.5㎝×12・5㎝）のカードに、子どもの氏名と性別、生年月日、両親の氏名や住所などの個人情報のほか、乳歯が抜けた年、母親は妊娠後期6カ月間に住んでいた都市と州の名前、子どもが1歳までに住んでいた場所、母乳を与えた月数、粉ミルクを与えた月数、粉ミルクの種類、1歳までに与えた他の形態のミルク、歯のタイプ（門歯、犬歯、第1臼歯、第2臼歯）、その歯の状態など詳細な情報を記入できるように、あらかじめ設問が印刷されていた。

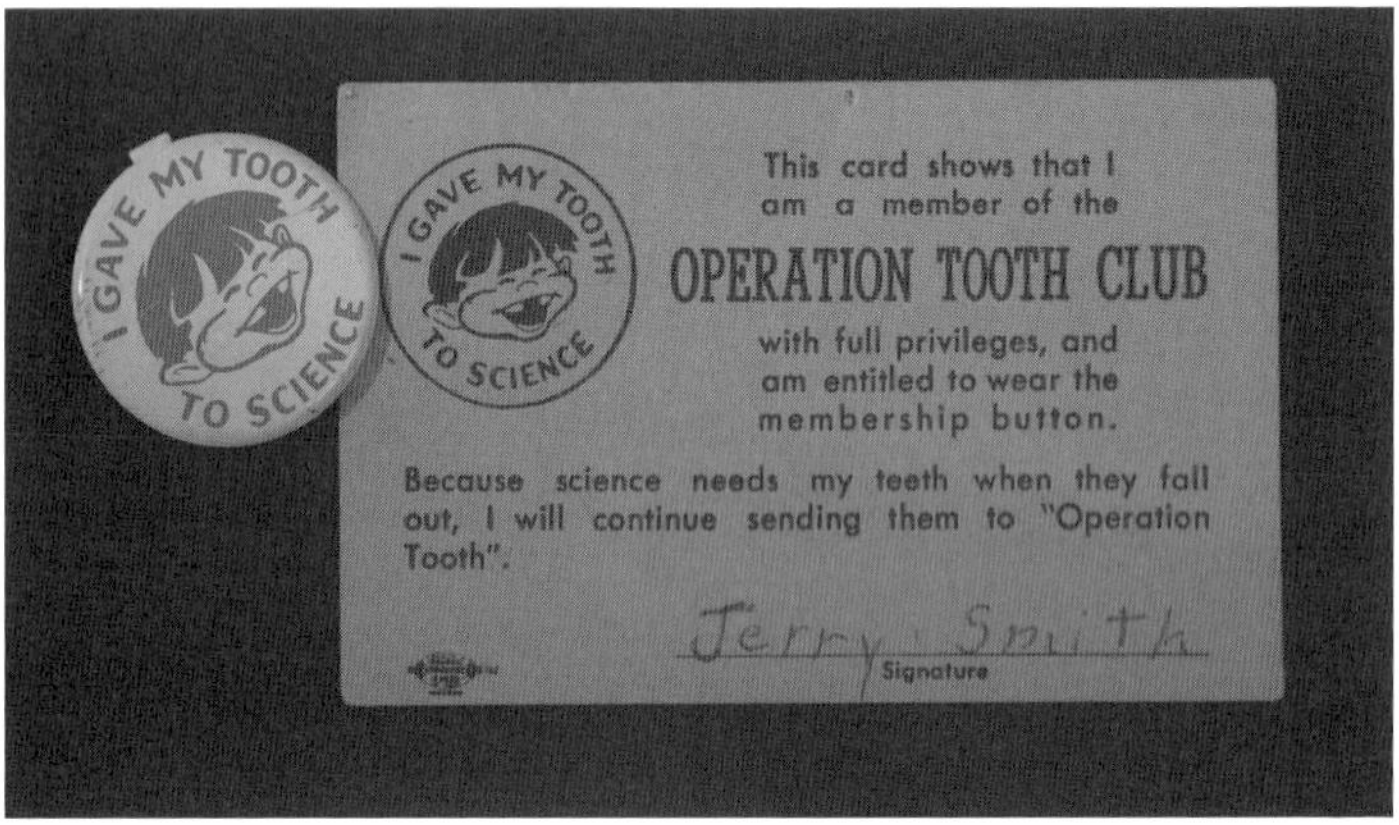

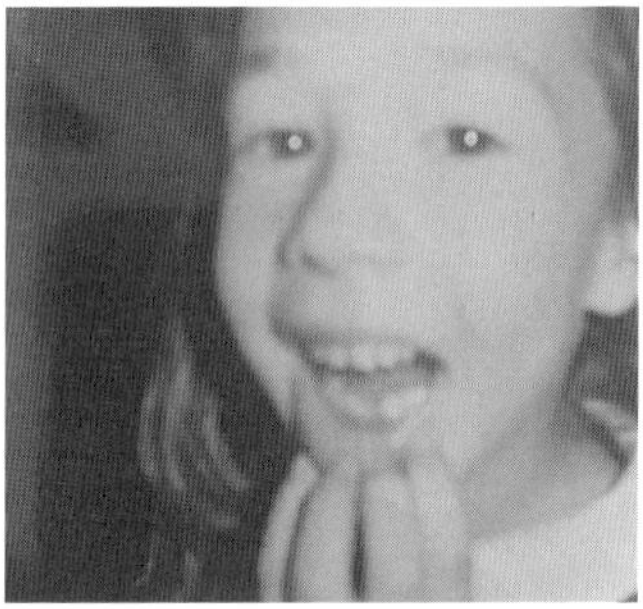

乳歯調査に協力するとバッジがもらえる（上）
調査に協力した子どもの頃のローラ・シュラップリージ（右）

もう一つのカードには乳歯調査の概要とストロンチウム90の説明が記載されて、一番下には太字で「歯を送って記念のバッジをもらいましょう」の文字と、その隣には歯が抜けている少年の絵が描かれていた。

ルイーズたちは集めた歯とカードをもとに仕分け作業を行った。目録に、その歯がいつ届いたのか、どこから届いたのか、何歳の子どもなのかなどを記入し、靴が入っているような小さな箱に封筒を入れて保管した。

実際に乳歯を提供した人にどうしても逢いたかったが、今回の撮影で最も難航したのが、この60年前の乳歯の提供者を探すことだった。

海外での取材は滞在費がかかるので、時間の無駄は避けたいところだ。しかし、乳歯提供者についてはまったく情報がなかった。アメリカで撮影の手伝いをしてくれたスタッフの一人、広島市出身の被爆二世でもある、しほ・バークがセントルイス市内の新聞社に交渉してくれて僕らの活動のことを記事にしてくれた。その記事を見た人が何人も名乗り出てくれたのだ。その時、すでにアメリカでの取材は始まっていたが、おかげで子どもの時に乳歯を提供した人たちの話を聞くことができた。限られた滞在時間の中で綱渡りの状態だった。


女優でモデル、元広告プロデューサーのローラ・シュラップリージ（1960年生）は、子ども時代に3回引っ越したが、生まれたところからはそんなに遠くはなかったと語った。

「そういえば、よく歯が抜けて、歯の妖精が来て大騒ぎしていたのを覚えています。その歯は枕の下で魔法のように消えて私は、歯は科学に捧げたという小さなピン（バッジ）をつけていたのを覚えています。小さな男の子の顔が描かれていました。そのピンを持っていることが私の誇りでした。20歳年下の友だちにこの話をしたらみんな『本当に？』って、そんなことがあったの、冗談でしょうという感じでかなり驚いていました。歯が抜けてほしくなかったことを覚えています。時々ちょっと血が出たし、歯が抜ける時って本当に怖いじゃないですか。『血が出るかも』って。子どもの頃私はとても大げさだったから」

乳歯調査に歯を送ったのはローラの父だった。

「歯は父がどこかに送っていました。父は学生時代にワシントン大学に通っていたので、その研究のことを知っていたのかもしれませんね。父はまだ元気で『あなたの歯を寄付したことを覚えている』と言っていました。父は環境問題に関心を持っていました。私たちは子どもの頃、牛乳を毎日飲んでいましたし、肉もたくさん食べていました。牛の肉は化学物質が含まれた雨水が降り注いだ牧草を食べたのですよね？　父はそれを知っていたのです」

僕はローラに「集められた歯によって放射能で汚染されていることが分かりました。そのことについて改めてどう思いましたか？」と質問をしたら、ローラは語気を強めて政府を批判した。

「政府が何を許可しているのか考えてみると唖然としますね。安全または無害と考えられているものを私たちは消費しているのです。私の母はガンを患い１９７８年に亡くなりました。私の友人も10年ほど前にホジキンリンパ腫という病で亡くなりましたが、いずれも放射性降下物との因果関係は不明なのです。一般的に、意思決定を行う側の人々は、彼らが決定した事柄の影響を受けないのです。でも私たちは影響を受けており、それを変えたいと願っています。そして、人々は真実を知りたがっているのだと思います」

学校の先生から「乳歯を持ってきて小さな封筒に入れるように」と言われたと振り返るのは、ゲイル・ディアリング（１９５４年生）だ。

「教室の壁に郵便受けのような箱があったことだけは覚えています。そこに封筒を入れました。私はそれが乳歯であることは知っていましたが、なぜなのかは知りませんでした。枕の下に抜けた歯を置いておくと、歯の妖精が来るという言い伝えがありましたが、私は歯を学校に持っていきました。学校から頼まれたからです。クラスメートのほとんどが参加したと記憶しています」

ルネ・リース（1960年生）は、学校で核爆弾が落ちた時の〝隠れて、覆う〟ダック・アンド・カバーの訓練を思い出していた。

「学校では、もし核爆弾が落ちたら、あるいは警告があったら、机の下にもぐりこんで手を頭の上に置く、というような訓練はしていました。でも、核実験について子どもの頃に本当に覚えているのは、そのことだけです。私が子どもの頃、キューバ・ミサイル危機がありました。だから、実際に起こりうることなのだと思ったんです。

学校で乳歯調査は、大きな話題になりました。歯は科学のために送るものだと聞かされていましたが、それが核実験についてのものだとは知りませんでした。うちはいつも母が送ってくれました。歯が抜けそうになると先生のところに行って小さな封筒をもらいました。

確か情報を記入するカードも入っていて、それを親に渡すと送ってくれるのです。投函する前に封筒を舐めて封をしたことを覚えています。『歯を科学に寄付しました』と、書かれた小さなカードと、ボタン（バッジ）が送られてきて、そのボタンをつけて小学校に通うことができました。ボタンをもらったら、とてもクールでした。だから私は、歯を失ったり、歯が抜けたりした時はいつでも先生に会いに行って、小さな封筒をもらって送っていました。ただ、その当時の私は科学が何をするものなのか、思いつかなかったのですね」

後日、乳歯を送った子どもたちの歯からストロンチウム90が発見されたと聞いた。どこに住んでいたかによって放射線の量は異なっていた。

夫婦で取材を受けてくれたのは、アネット・アダムス（1958年生）とスティーブン・アダムス（1959年生）。歯の抜けた男の子のイラストを描いたのはアネットの母だった。

「私の母がアーティストだったので、私たちは家中にピンバッジやアートワークがある環境で育ちました。そして、妹はモデルでした。父が2つの調査のプロモーションのために作ったもので、母はみんながもらった小さなピンに描かれている小さな男の子や他のすべての絵をデザインした人です。私はこの大きな調査、大きな研究、大きなプロジェクトの一部であったことをただ誇りに思います」（アネット）

「私の両親はワシントン大学のプロジェクトについて知っていました。そして、乳歯から大気圏内核実験によるストロンチウム90を分析することであることも知っていました。歯はきっと両親が送ったのでしょうね。それで、私たちはそれに貢献することができ、歯を送ると、ペン

やその他のものが入った小さな包みが返ってきました。60年代初頭のことです」（スティーブン）

僕もこの歯の抜けた男の子のイラストが大好きだ。どうしてアネットの母がイラストを描くことになったのか、そのいきさつを聞いた。

「大手広告会社で働きながら、教養と芸術性を身につけたからでしょう。彼女はワシントン大学に2学期ほど通いました。でもずっとアーティストだったのです。母は地元のピアノ楽器の本のアートワークを手がけていたので、私はアートワークをする委員会の一員だったのではないかと思っていました。すでに他界しているので直接話を聞くことはできませんでした」（アネット）

子どもたちに共通しているのは、歯を提供していた時はそれが何に使われているのかは理解できなかったということ。男の子の絵が描かれているバッジが欲しくて、手に入れたら友達に見せ合うアイテムだった。「歯」は自分ではなく親が送った。もしくは教室に設置されていた箱に入れるように先生に指示されたなど、大人から言われて歯を送っていた。

でも後年それが命を守ってくれた行為だとわかると、親や大人たちに感謝をしていた。その証拠に誰もが親たちの話をしている時、ルイーズの息子エリックのように、誇らしげに語っていたからだ。

弁護士のジュリー・フィックス・マイヤー（1959年生）は、自分の歯を科学プロジェクトに捧げたことを鮮明に覚えていると語っていた。

「これは母が教師で読書家。ニュースもよく聞いていたからだと確信しています。母は抜けた乳歯を科学者に送るために保管していました。母が記入したカードを鮮明に覚えています。私たちの体の成り立ちや健康状態を知ってもらうためです。このプログラムに参加するというカードにサインをしたのを覚えています。歯をティッシュペーパーかペーパータオルに挟んで、小さなマニラ封筒に入れたことも覚えています。何かを始めたら継続する人でした」

自分の大切な歯をどこかへ持っていかれることに抵抗感はなかったのだろうか。

「（乳歯調査の）学者が私たちの健康について研究するために歯を必要としていることを理解していました。私たちの成長について研究するために。それで、歯の妖精に『私は歯を失いましたが、科学に寄付しました』というメモを書いたのを覚えています。母が私たちに与えてくれたものは、知識欲だったと思います。母はまた正しいことをする、周りの人たちのために正しいことをする、という市民的な志向も持っていました。教室から教会、そして地域社会へと、このような活動に参加し、私や妹たちが乳歯を失い、このプロジェクトが終了するまで、ずっと忠実にそれを続けていたことは、おそらく母の一部なのだと思います」

母親の写真とともに撮影に応じてくれたジュリー・フレック（1962年生）も、母への感謝の気持ちで溢れていた。

「この写真は母です。素晴らしい母でした。立派で面白い人でした。母の笑い声が本当に恋しいです。素晴らしいお手本でした。母がいてくれて本当に幸運でした。母はすべてのことを分からせることが好きで、私たちは世界をよりよい場所にすることが大切であることを知りました。母はストロンチウム90のことをとても心配していたので、私は子どもの頃牛乳を飲んだことがありません」

バッジとカードを大切に保管していて実物を見せてくれたのは、元ジャーナリストのジェリー・スミス（1952年生）だ。

「私が7歳の時に学校に行くと、先生が『乳歯調査のプロジェクトが進行中で、乳歯が抜けている子どもたちを募集している』と言ったのです。送った人には小さなピンバッジと会員証が送られてきて、子ども心にわくわくしたものです。今でも持っていますよ。これが公式の会員証でピンバッジも一緒に送られてきました。学校でポケットやえりにつけていたものです。それから何年かして、倉庫から歯が見つかったというニュースを新聞で読みました。再び研究のための調査を始めることになったのです。これは歴史の中で非常に重要な部分、研究であり、ご存じの通り1963年の地上での核実験禁止条約をもたらすのに役立った、非常に重要なものだからです」

自分たちもその一翼を担ったことになったと語っていた。

スーザン・エクル・ウィッキー（1959年生）も、今でも大切にバッジを保管していた。

「ユニークでかわいいですよね、子どもの頃のものでどうしても手放せない物がたくさんあるのですが、これも洗面所のキャビネットに入れてあります。そのキャビネットを開けるたびにそれが目に入り、笑顔になるんです。

私の推測ですが、母の親友が歯科衛生士で、その（乳歯調査）研究についていかに重要であるかということを母に話したのかもしれません。母は科学にとても興味があり、科学を信じていますし教師をしていたので教育も信じていました」

病の原因は〝不摂生〟で片付けられる不条理

乳歯調査に協力したかつての子どもたちは、調査の目的は後になって理解したと語っていたが、放射性降下物と身近な人の身に起こった病気との因果関係については、一様に〝わからない〟と語っていた。健康被害に遭っているのにもかかわらず、ほったらかしにされている現実に対して僕は憤りを感じていた。

ある人の取材中に「弟がガンで亡くなった」といったエピソードに出くわした。僕は必死に食い下がったが、家族の死因について、「彼は喫煙者でお酒をよく飲んでいた」と結論づけていて、「放射性降下物との因果関係についてはわからない」と繰り返し語っていた点が妙にひっかかった。

前作の映画「放射線を浴びたX年後　2」（2015年11月公開）に出演してくれた、東京で広告代理店を経営する川口美砂のエピソードを思い出した。

故郷である高知県室戸市で、1作目の映画「放射線を浴びたX年後」を観たことがきっかけで、元漁師だった父の早すぎる死に疑問を抱き始めた。当時「酒の飲みすぎで早死にした」と言われた父。本当にそうなのだろうか？　その死にまつわる疑問から80人もの漁船員を訪ね歩いた。

家族、大切な人の死が「自らの不摂生」で片付けられてしまう不条理な現実を再び目の当たりにした。

乳歯を提供した人にインタビューをする中で、ジル・ライブリー（1957年生）だけが、自らの病について「私の白血病の始まりについて、あらゆる疑問を抱くきっかけとなった」と、打ち明けてくれた。

乳歯調査の理由を調べ始めると、自らの身に降りかかったさまざまな出来事が頭の中で整理されてきたという。

「私は6歳でした。64年4月のことです。小学1年生の時、母に連れられてセントルイスで買い物をしていました。2階まで大きな大理石の階段があるデパートにいて、階段を上り始めた時、私は足が痛くて座り込んでしまいました。母は私に立つように言いましたが、私は無理だと言いました。足が痛かったんです。そこでセントルイス小児病院に行き、骨髄採取を受けました。医師からはっきりこう言われたのです。『この子は白血病です。家に連れて帰って死ぬ準備をしなさい』と。私は小1から中1まで化学療法を受けました。寿命があとどれくらいあるにせよ幸せに穏やかに心配することなく過ごすために。

セントルイスの病院で、幸運にも素晴らしい先生たちに恵まれたおかげで、最高の医療を受けることができました」

白血病の理由を医師から聞くことはあったのかと僕が尋ねると「説明は一切なかった」と答えた。

「いいえ、説明はありません。私はずっとセントルイスのインダストリアルバレーからの化学汚染が原因だと思っていました。誰も具体的な理由があるとは言ってくれませんでした。それはただ議論されなかっただけです。立ち入り禁止の話題だったと理解しました。両親もそのことについて話すことを拒否しました。母は『もう涙はない』といって話を打ち切り、それ以上の話し合いはありませんでした。私の病気が寛解したことでもう終わったという認識なのです」

そう語るジルは悲しい目をした。

ルイーズたちが行った乳歯調査プロジェクトに、ついに行政までもが賛同し始めた頃、ハプニングが起こった。

1960年セントルイス市長のレイモンド・タッカーは4月18日の週を「歯の調査週間」と宣言。新聞は全米に向けて「歯のぬけそうな子どもはミズーリ州セントルイスでは誰もが重要な人物である」と報道したのだ。

報道がピークに達した頃、どの国でも〝出る杭は打たれる〟のか。その年の10月、アメリカ連邦議会は「セントルイス委員会は共産主義を支持する組織である」と名指しして、歯の調査を強く牽制してきた。

エリックが顔を曇らせて語った。

「当時はよく理解していませんでしたが非常に保守的な新聞社の『セントルイス・グローブ・デモクラット』が、私の両親とセントルイス委員会を共産主義的な傾向があると非難したことがありました。私はその背景を知りませんでした。でも、何人かのクラスメートが私から離れてもう友達ではなくなってしまったりして、とても奇妙なことだと思いました」

50年代のアメリカでは共産主義、またその同調者に対する取り締まり運動「マッカーシズム」が行われていた。50年から共和党員のマッカーシーによって推進されたと言われている

「赤狩り」が、あらゆる社会の場面で根付いていたことがうかがえる。

しかし、ルイーズや乳歯調査に奔走していた母親たちと、セントルイスの科学者、市民の力は、マッカーシズムを超えて、偉大な政治家の賛同を得ることに成功する。

4章

サイレント・ヒーロー

伝説の大統領を動かした母親たち

「もし、ケネディが大統領だったら、この難局をどのように乗り越えていただろうか――」

今も世界のどこかで争いは続いている。ロシアによるウクライナ侵攻、イスラエルとハマスの武力衝突、アメリカ自身も中国との覇権争いを繰り広げ、難しい舵取りを迫られている中、彼だったらどんな決断を下すだろうと考えずにはいられない。

アメリカ合衆国第35代大統領ジョン・F・ケネディ（1917年－1963年11月）。1961年1月に43歳という若さで大統領に選ばれ、心を揺さぶるスピーチと大胆な政治判断は没後60年以上経っても人々を魅了し続け、歴代大統領の中でも根強い人気を誇る。日本人にとっては女性スキャンダルや非業の死のほうが印象深いかもしれないが……。

しかし、僕はアメリカでの核実験について、調べれば調べるほど、ケネディ大統領が遺した核廃絶への思いを知ることになり、惹きつけられていった。

スピーチライターとして大統領を側で見続けてきたシオドア・C・ソレンセン（1928年－2010年）の著書には、意外な一面が綴られている。

オペレーターを通さず自ら電話をかけてオフレコの話し合いをすることもあったそうだ。ある時、ソレンセンが大統領の寝室で懇談をしていたら、犬猫病院のスタッフから電話がかかってきた。「ジョン・ケネディです」と、自ら電話を取ったところ、スタッフは大統領だと信じなかった、といったエピソードも残されている、肩書きにこだわらず誰とでもフランクに話す姿勢に好感を抱かずにはいられない。

大統領になってからは超党派で「核停市民委員会」を作らせた。ここで大統領は閣議室でグループの指導者たちと会い、情報交換をしたそうだ。さらに、どの上院議員にもっと選挙民の声に耳を傾けさせなければならないかを教え、委員会が出す新聞広告、テレビ広告を承認して、納得しない人たちを説得する方法について知恵を貸し、「これこれの実業界指導者、その他の指導者に接触するように」と、その名前をあげたほどだったという。[1)]

そのケネディ大統領は放射性降下物を本気で心配していた。

ケネディ大統領を動かした、いや後押しをした人たちがいた。セントルイスに住む女性たちだ。

セントルイス乳歯調査のディレクター、ルイーズ・ライスの家に集まって乳歯を調べる母親たちがメディアに出始めると「共産主義者だ」と、批判する声が上がった。

ニューメキシコハイランズ大学助教授のルーク・リッターは自身の論文で、その当時、セントルイスの女性たちが何に対して「怒り」、以後どのような行動に移していったのか、その過程を詳細に綴っている。

「アメリカ原子力委員会（ＡＥＣ）は牛乳にストロンチウム90が含まれているというデータを示しながらも『有害ではない、危険ではない』と国民をなだめようとしました。政府側の男性たちに『将来、子どもたちに問題が起こると考えるのは愚かだ』と言われ、多くの女性たちは憤りを感じ始めたのです。

セントルイスの女性たちは行動グループを組織し、核実験の危険性に対する認識を高めていました。まだ50年代は女性が幼い子どもの主な世話人であり、牛乳はカルシウムを摂取するための最大の供給源であったため、子どもの健康と安全を心配する多くの母親が、活動家として積極的に働いたのです」

過去を学べば学ぶほど、セントルイスの人々が行ったこと、そしてこの取り組みを通じて彼らが達成できたことの全てに驚かされたと、ルークは興奮気味に語っていた。

「セントルイスの活動家グループがジョン・ケネディの核実験禁止の決断に影響を与えたということ。そのようなつながりがあるとは知りませんでした。

しかし、調査をしてみて『乳歯調査プロジェクト』が政府の政策決定に影響を与えたと、ますます確信するようになりました。そしてこの調査が、人々の命を救ったのかもしれないのです。もし調査がなかったら、政府は地上での核兵器の実験を許可し続けたかもしれません。今まで以上に汚染が広がり、もっと多くの人が病気になっていたかもしれない。乳歯調査は非常に重要であり、それに取り組んだ人たちは称賛されるべきです。このストーリーは今を生きる私たち全員がよく知るべき話だと思います。なぜなら、私は歴史家として過去から学ぶことができると信じているからです。過去を研究し、それを理解すればするほど現在における意思決定がより良いものになると信じているからです。

この物語の中で最も核になったのは女性の関与だと思います」

当時のアメリカで市民運動に関わろうとした場合、女性はそれほど目立つ存在ではなかったのだろう。「意思決定の場に女性がいない」というのは今も共通している部分かもしれない。ところが、この反核運動によって女性はかつてないほどの最前線に立つようになったとルークは語った。

女性たちの力を結集させたある出来事が全米を襲った。

ルークの論文によると、61年10月30日、米国地質調査所の複数の地震計がマグニチュード5クラスの地震を観測した。衝撃波は大きく地球を3回周回するほどだった。科学者たちはこれが通常の地震ではないことをすぐに理解し、中央情報局はすぐにケネディ大統領に、「ソ連が地球全体を揺るがすほどの威力の水爆を爆発させたこと」を知らせた。その威力とは約50メガ

61年11月1日、約5万人の主婦たちが全米60都市で抗議活動を行った

トン、つまり広島に投下された原子爆弾の爆発力の約3800倍であると報告された。[2] 水爆「ツァーリ・ボンバ（爆弾の帝王）」はこれまでに爆発した最大の爆弾だった。

ケネディ大統領は核実験の後、「ソビエト連邦が行ったように、大気圏での核実験は行わない」とアメリカ国民に保証したが、「テストを実施する必要が生じた場合に備えて、こちらも必要な準備を行う」という追加の声明に多くの国民は怯えた。

10月30日のソ連の実験と、ケネディの発言は、アメリカの女性たちをすぐに行動に移させるのに十分だった[3)]。

11月1日、約5万人のアメリカ人主婦が、核兵器競争を終わらせるために全国の60都市でストライキを行った。セントルイスのダウンタウンでは女性のデモ隊が抗議した。中にはベビーカーで子どもを連れてきた人もいた。

「ワシントンDCでも約800人の女性たちがソ連大使館とホワイトハウスの周りを取り囲みピケを張りました。また、ニューヨークでは数百人がアメリカ原子力委員会のオフィスと国連のソビエト連邦のオフィスの外でデモを行いました。ポスト・ディスパッチ紙は、『牛乳：死、病気、奇形』というキャプションが書かれた『牛乳瓶のような形をし、頭蓋骨をトッピングしたプラカード』を数人の女性が持っていたと報じました」(ルーク)

ルイーズの論文を読んだ大統領からの直電

ちょうどその頃、ルイーズも大きな賭けに出た。

乳歯調査プロジェクトが始まって3年、ディレクターとして女性たちのまとめ役を担っていたが、その一方で、医学論文に着手していたのだ。

61年11月24日にルイーズは最も権威がある科学雑誌『サイエンス』に論文「乳歯によるスト

ロンチウム90の吸収」を発表した。それは連邦議会による「共産主義」のレッテルや多くの批判を考慮し、乳歯調査の結果を最も効果的に発表する方法だった。論文には59年から2年半で6万1000本もの乳歯が集まったと書かれていた。

60年ぶりにセントルイスの実家を訪れたルイーズの息子、エリック・ライスは、「この論文が準備されていた頃、我が家では緊張が高まっていたのを覚えていますし、両親もこの論文にとても力を入れていました」と、その時の様子を思い出していた。

「61年の『サイエンス』に最終的に掲載された論文の原稿は私が持っています。この原稿は当時は実際に切り貼りされていたもので母の修正箇所も見えますし父の修正もあります。

とても興味深い内容で良い歴史的資料です。母はとても直感的な人でした。そして、本当に面白いアイデアを思いつく人でした。父はもっと合理的で2人は互いに非常によく補い合っていました。父は誰よりも優れたグランドデザインを設計することができました。それは母の得意とするところではなく、とても整理されたものでした。制御の仕方や実際にどう進めるかという点で父にはそういうことができたのです。そして、彼は文章も上手く編集者としても超一流でした。論文は母の名前で出されたものですが、父のサポートなしでは成し遂げられなかったと思います」

乳歯調査のカードを手にするジョセフ・ジェームズ・マンガーノ

乳歯6万1000本に含まれるストロンチウム90を専門機関で検査した結果、母親たちが心配していたように子どもたちの歯からストロンチウム90が検出されたことが明らかになった。

ルイーズの論文には50年から61年の間、子どもたちの体内のストロンチウム90の量が30倍にも増えていたことが証明された。

その後の思いがけない展開を教えてくれたのは放射線と公衆衛生プロジェクト（RPHP）のエグゼクティブ・ディレクター、ジョセフ・マンガーノだ。

「61年11月の『サイエンス』誌に掲載されたルイーズ・ライスの乳歯調査の結果についての論文は、ケネディ大統領の科学顧問ジェローム・ウィズナーに送られたと言われています」

前述のソレンセンの著書に、苦悩するケネディ大統領とウィズナーが話し合う様子が綴られていた。

〈ケネディ大統領は放射能（引用ママ）降下物を本当に心配していた。テラー博士などが、絶対に危険はないというのをそのまま受け取れなかった。白血病や癌や不妊症が一人ふえただけでも、責任があると思った。また都市の水道にフッ素をいれることに反対する極右団体が、大気の放射能汚染に強く賛成していることを妙なことだと思った。

　ある雨の日、執務室で机に向かいながら、大統領は科学顧問のウィズナーにたずねた。実験地点から離れた地域に放射能分子が落ちてくるのはどういうわけかと。

「雨によって雲から洗い落とされ、雨によって地上に運ばれてくるのです」とウィズナーは答えた。すると大統領は窓から外をながめ「それでは放射能はこの雨の中にもあるんだね」と聞いた。ウィズナーは「そうです」と答えた。大統領はひどく悲しげな顔で外をながめ、数分間、一言もしゃべらなかった〉『ケネディの道　未来を拓いた大統領』シオドア・C・ソレンセン著　大前正臣訳（サイマル出版会）

　そしてエリックは、両親と暮らした家の中を歩きながら、こう切り出した。

「これは我が家のダイニングルームでここに丸いダイニングテーブルがありました。そして椅子が3脚、父と母、ここが私の席でした。以前は、向こうの部屋に朝食の場所がありキッチンの壁に電話がかかっていました。ある晩、夕食を食べていると電話が鳴りました。受話器を取って『こちらはドクター・ライスです』と言うのが、いつもの私の役目でした。

その時も私が電話に出ました。そして間があって電話の主はこう言いました。


『ジョン・ケネディだけどママはいるかな?』


彼は、私が子どもだとすぐに声でわかったようです。でもそれは映画で見るようなものではありませんでした。『こちらはホワイトハウスのオペレーターです』、『大統領がお出になります』というようなことは一切ありませんでした。だから、それが大統領だとは思いもしませんでした。母に、『ケネディさんから電話だよ、お話があるって』と言うと、両親は顔を見合わせ母は内線電話のある2階に駆け上がりました。家の中には電話が2つしかなくて、一つは台所、もう一つは2階にあったので、母は2階に急いで駆け上がりました。しばらく母は降りてこなかったので食べかけのミートローフは冷めてしまいました」

エリックはケネディ大統領から電話がかかってきた具体的な日にちは覚えていなかったが、この日の出来事は62年10月に起きた「キューバ危機」の頃だったことは確かだと言う。

「(大統領から電話がかかってきた)その週のことはとてもはっきりと覚えていました。自宅には父が27ドルで買ったモトローラ製の小さなトランジスタラジオがあり、キューバのミサイル危機の間、朝食の時にも夕方にもニュースを聞いていたからです。ただ、電話の声の主は誰だったのか、あの時の私にはわかりませんでした」

東西冷戦期に起こった「キューバ危機」はアメリカ、ソ連とも核兵器の使用を視野に入れて、一触即発の危機的状況だった。核戦争の危険を身をもって体験した米ソ両首脳は核実験の制限に合意した。

そして、歴史的な一日が来た。63年7月26日、伝説のスピーチとも言われたジョン・F・ケネディ大統領「核実験禁止条約に関する国民への演説」がテレビで流れた。

〈国民の皆さんこんばんは。私は今夜希望を胸に話しています。

18年前に誕生した核兵器は、戦争の流れだけでなく、世界の行く末まで変えてしまいました。以来すべての人間が、地上が壊滅するという、ますます暗くなる展望から逃れようともがいてきました。それぞれの陣営が、人類を何度も破壊できるだけの核兵器をもつようになったこの時代、共産世界と自由選択の世界は、イデオロギーと利害の対立がもたらす悪循環にとらわれています。緊張が高まるたびに兵器を増やし、兵器を増やすたびに緊張は高まるのです。

（中略）

昨日、暗闇のなかに一筋の光が差しこみました。
大気圏内、宇宙空間および水中におけるすべての核実験を禁止する条約に関する合意が、モスクワで成立したのです。核の破壊力を国際管理下に置くことで、初めて合意がなされました〉(『世界を動かす―ケネディが求めた平和の道―』ジェフリー・サックス著　櫻井祐子訳　早川書房) p301、303

同年8月5日、アメリカ、ソ連、イギリスとの間で大気圏内外、水中の核実験を禁止した「部分的核実験禁止条約」(PTBT)が締結された。

ついにルイーズや乳歯調査に協力した母親たち、セントルイスの市民と科学者の力が大統領を動かし、大気圏内の核実験を止めた。

アリゾナ大学の経済学者キース・マイヤーズが「もし核実験が63年以降も続けられていたら1200万から2400万人のアメリカ人の死が追加されていただろう」という概算を発表していた。マンガーノは「これは非常に大雑把な見積もりですが、条約によって何百万人もの命が救われたことに疑問の余地はないでしょう」と、語った。

大統領のスピーチで印象的な場面がある。後半部分、放射性降下物による健康被害について大統領が具体的に発言していたことだ。

〈骨をガンに冒され、血液は白血病になり、肺に毒を吸いこんだ子や孫たちの数は、一般的な健康被害に比べれば、数字のうえでは少ないように思えるかもしれません。しかしこれは一般の健康被害ではありません。それに数字上の問題でもありません。たとえ一人でも人間の命が奪われれば、また私たちが死んでからずっとあとに、一人でも奇形の赤ちゃんが生まれれば、それは全人類にとって大きな問題です。これは私たちの子や孫の問題であって、単なる数字上の問題としておろそかにするわけにはいかないのです〉（同前）

ストロンチウム90が体内に入り込んでいたというのは乳歯調査で明らかになった事実だが、それがどのように人体に悪影響を及ぼすかはまだ解明されていなかった。

「セントルイスの人々は母親たちに上院議員に手紙を書かせました。核実験禁止条約を成立させて、国内で実験を止めるためには上院の通過が必要だったからです。そして最後に、条約が調印される直前に2つのことが起こりました。一つはワシントン大学の医師、ルイーズの夫のエリック・ライスが63年8月にアメリカ上院で証言したことです。彼は放射性降下物が人々の体内、特に子どもたちの体内に入っていることを明らかにしたのです」（マンガーノ）

ルイーズの夫、エリックが証言した時の記録をもとに、ルークが当時の状況を解説してくれた。

「63年8月に放射性降下物の影響に関する特別議会公聴会が再び開かれました。ちょうどその頃、待ちに待った乳歯調査の結果が出た。ルイーズの夫エリック・ライスは、『51年以来、ネバダ州とユタ州に住む子どもたちは、ネバダ州で実施された核実験の約3分の1から、危険な量の放射性降下物にさらされている』と報告しました。汚染された地域で放牧された牛の牛乳を飲んでいたためです。エリックは、『この地域に住んでいた3000人の子どもごとに、少なくとも12人が甲状腺ガンにかかると推定している』と、訴えました。この報告は、全国で論争の嵐を巻き起こしました」

Reprinted from Science, November 24, 1961, Vol. 134, No. 3491, pages 1669-1673

Copyright © 1961 by the American Association for the Advancement of Science

Strontium-90 Absorption by Deciduous Teeth

Analysis of teeth provides a practicable method of monitoring strontium-90 uptake by human populations.

Louise Zibold Reiss

In 1958 Kalckar proposed that deciduous teeth collected on a large-scale, world-wide basis could be used to study the accumulation in children of radioactive material from nuclear test fallout (1). Strontium-90, which follows the metabolic pathways of calcium, is deposited in bones and teeth. Absorption is greatest during the period of growth. Thus, children, who presumably have a higher biological radiosensitivity than adults, accumulate the radioisotope more readily. The amount of radiation delivered to bone marrow, with possible effects in leukemogenesis, is important.

Monitoring strontium-90 absorption in children is made difficult by the scarcity of adequate bone samples, which must be obtained at autopsy. By contrast, deciduous teeth, which have a chemical composition similar to bone, are plentiful and should be readily available for study.

While the suggestion that teeth could be used for monitoring strontium-90 uptake in bones was soundly based on then available information, at the start the feasibility of such a project was not clear. There was doubt whether the community cooperation required by a large-scale collection program could be obtained. How large the samples of teeth would have to be to yield meaningful data was not known. Although similarities of strontium and calcium metabolism in teeth and bones were suspected, there was no direct evidence that teeth and bones developing in the addition, the relative effects of prenatal and postnatal tooth development on strontium-90 deposition might introduce difficulties in interpreting the data.

The present article is addressed to these questions. The results reported show that deciduous teeth can be usefully employed as a means of monitoring strontium-90 uptake in man.

Tooth-Collection Program

The decision to start a tooth collection from the St. Louis area was reached in December 1958 (2). There was a great sense of urgency about starting the collection, since teeth that were then being shed were formed before significant fallout had occurred and thus were expected to yield essential baseline information. An empirical yearly goal of 50,000 deciduous teeth of all types was set.

Since this number represented an appreciable fraction of the total number of teeth shed by the juvenile population of St. Louis, the cooperation of the community was required. Sponsorship of the tooth survey was undertaken by a citizens' group, the Greater St. Louis Citizens' Committee for Nuclear Information (3) in cooperation with the schools of dentistry at Washington and St. Louis Universities (4). In order to explain the purposes of the survey to the public without arousing alarm as a result of misunderstanding, a program St. Louis Pharmaceutical Association, and many church, YMCA, YWCA, and Scout groups supported the program. Newspapers and radio and television stations generously provided publicity as a public service.

In order to obtain the necessary data relevant to environmental factors that might affect the uptake of strontium-90 by teeth, certain background information was requested with each tooth submitted. The standard form included questions concerning the child's date of birth, the date the tooth was lost, the residence of the mother during pregnancy, the residence of the child during the first year of life, duration of breast feeding, duration of formula feeding, kind of milk used in the formula, and other milk used during the first year. The questionnaire was a detachable section of the form and became a permanent record card for each tooth.

One million tooth survey forms have so far been distributed through schools, libraries, dental organizations, dentists, pediatricians, and other agencies. After a tooth, with background information, has been received by mail, the donor is sent a button ("I gave my tooth to science") and a new information form. Teeth are then cataloged by members of the Women's Auxiliary of the St. Louis Dental Society. Each tooth is unwrapped and placed in a separate, numbered envelope. This file number is added to the corresponding record card, which is checked for completeness. Parents are contacted by telephone and asked to supply missing information. When several teeth from the same child arrive with a single form, additional cards are prepared. A pedodontist (5) then examines each tooth and records the type and the presence of caries, amalgam, or root on the record card. Teeth are stored by number. Record cards are filed in categories according to month of birth, type of tooth, type of infant feeding (breast or bottle), and presence or absence of caries.

The dissemination of forms, cataloging, record keeping, and filing involved a great deal of labor, which was accomplished with the aid of large numbers of dedicated volunteer workers

ルイーズ・ライスが61年11月24日にサイエンス誌に発表した論文

さらに、ルークの論文によると、セントルイスの科学者たちは、放射線の多くが最近の地下核実験に由来していることを示したという。

地下での核実験は、放射線を水、土壌、さらには大気に放出していた。ウォールストリートジャーナルのレポートによると、61年以降、ネバダ州では90発以上の爆弾が地下で実験された。この数のうち、アメリカ原子力委員会（ＡＥＣ）は16件がベントにつながり、５件が大気圏に到達したことを認めた。62年6月に確認された少なくとも1件の事例では、「牛乳に含まれる放射性降下物の量がワシントン州スポケーンで急増した」と公表された。スポケーンはカナダ国境からわずか１００マイル南に位置していたため、この発見は国際的な危機を招いたとされる。

ジョセフはこう推測した。

「ケネディ大統領は部分的核実験禁止条約に関する演説を行いその中で『骨にガンを持ち血液に白血病を持ち、肺に毒を持つ子どもたちのことを心配している』という言葉を使いました。この骨にガンを持つという言葉は乳歯に含まれるストロンチウム90に特有のものでした。なぜならストロンチウムは骨や歯に入るからです。そしてまもなく上院の採決では80対19という大差で条約を支持し、条約は承認されて、ケネディはそれに署名したのです。

こうして大規模な原爆実験は終わりを告げたのです。その後すぐ地上での実験はすべて止まりました。これがセントルイスの人々が行った本当に卓越したことだったのです。彼らは単に研究をしたのではありません。彼らはそれを公共政策の場に持ち込んだので、最初は科学者たちがこのプロジェクトのヒーローだと思っていました。参加している市民や子どもたちも協力者の一員ですが、最大のヒーローは子どもたちの母親です。歯を集めてアメリカ上院に手紙を書き、核実験に対する抗議行動に参加した。彼女たちの信じられないほどの努力なしにはこのような奇跡は決して起こらなかったからです。これは民主主義と行動の素晴らしい例です[4]」

国民が行動を起こし、指導者が望んでいる政策ではなく国民が望む、人々のための政策を実現する。セントルイスの母親たちのアクションは、後世に生きる私たちに。安全な生活環境を守ってくれただけでなく、政府の間違いに対して立ち向かう勇気とヒントを与えてくれた。

現在の意思決定をより良いものにするために過去から学ぶ

「過去を研究し、それを理解すればするほど現在における意思決定がより良いものになると信じている」

歴史家のルーク・リッターのインタビューで印象深い言葉だ。ルークからは本当にたくさんのことを学んだ。

じつはアメリカでの取材が終盤にさしかかった頃、ジョセフから「紹介したい人がいる」と連絡が入り、ルークの論文を送ってもらった。その論文を読んだ瞬間「これだ！」と思った。僕が伝えたいことについての「情報」が詰まっていたからだ。すぐルークに連絡をすると快諾してくれた。ニューメキシコに住んでいるのに、インタビューをするためにわざわざ僕らが滞在していたセントルイスまで飛んで来てくれた。「お礼もできないし、費用がないので宿を取ることができなくて申し訳ない」と伝えると、ルークは「実家に泊まるから大丈夫だよ」と言って快諾してくれた。ルークの実家はなんとセントルイスにあったのだ。奇跡のような出来事だった。

ルークは放射線の研究家ではないが、過去の史実を掘り起こし放射線による被害を環境問題として捉えて、記録として残すことの大切さを教えてくれた。その作業がなければ、あったことは無かったことになる。知らなかったことは無かったことになる。「過去を研究し、理解すればするほど現在における意思決定がよりよいものになる」と、あらためて実感した。

ルイーズを中心としたセントルイスの市民たちの共闘は、過去の話ではなくじつは現在も続いている。

ルイーズがサイエンス誌に論文を提出した40年後の2001年、セントルイス市内にあるワシントン大学の倉庫で、50年代から60年代にかけて集められた乳歯とカードが入った数多くの箱を大学関係者が発見した。

「見つかったうちの2つの箱には、封筒が入っていて、封筒の中には乳歯と歯の情報と提供者の情報が書かれたカードが入っていました。この人はカリフォルニア、それからアイオワですね。私たちはすべての州、そして日本を含む45カ国の歯を確認しています。集まった乳歯は71年までに30万本を超えました。たくさんの歯を見た時、これはまるで贈り物のようなものだと思い感激しました。私も私の同僚たちも歯を寄贈した人たちも子どもたちの親にも一生に一度のチャンスだと。どんな研究においても人間の検体は乳歯でも何でも10万本も集めることはできないと思うからです」（ジョセフ）

実際に十数年経った今も、ガンで苦しむ家族や友人がいたとしても、その多くの人々はその原因が何なのか知らないで苦しんでいる。

アメリカ政府は97年まで「核実験の放射性降下物は一人のアメリカ人にも害を与えていない」と主張していたが、この年国立ガン研究所はある報告書を出した。

ヨウ素131による被ばく線量は何年か前の政府の推定よりも、100倍以上大きなものだった。しかも、推定で1万1000人から21万2000人のアメリカ人が甲状腺ガンになったというものだ。[5] それ以降、さまざまなデータが示されているが、アメリカ人に何をもたらしたのかは、よく強調された「誰にもわからない」問題として見過ごされている。

50年代後半から60年代にかけて乳歯を提供した人は、現在ほとんどの人が60代になっている。そして多くの人がさまざまな病気に罹患している。子ども時代だけでなく生涯を通じての健康状態を調べることができることから、ジョセフらは放射性降下物と健康被害の因果関係を示す新たな研究に取り組んでいる。

「セントルイスの乳歯調査はこの疑問に答える絶好のチャンスです。そして情報をデータベースに入力する人材をもつハーバード大学がこのプロジェクトに参加したことは第二の祝福でした」

部分的核実験禁止条約が締結されたことによって、セントルイス委員会の主な目標は達成できた。

ルイーズは乳歯調査のリーダーを別の人にバトンタッチして、一家は夫・エリックの転勤に伴い、63年にセントルイスを離れた。

会員の一部はグループの活動を続ける必要はないと考え、会員数は65年までに450人にまで減少したそうだ。だが、歯の研究は60年代の終わりまで続けられた。グループの名前は「環境情報委員会」と変えて、より幅広い環境問題に取り組むことにした。

その後もセントルイスで行われた研究や市民のアクションは世界の各地で引き継がれて「歯のプロジェクト」の火付け役となった[6)]。

セントルイスで行われた組織に僕が強い関心をもったのは、女性の視点だった。そもそも乳歯を集めるというのは、非常に難しい。また、活動を政治的、社会的に考えるのではなく、子どもたちの命と健康を守る運動として捉えている。歯の抜けた男の子のバッジや会員証を、乳

両親と過ごした家で思い出を語るエリック・ライス

歯を提供してくれたらプレゼントするというたシステムは、子ども心をくすぐるものであり、純粋な運動として共感を生み、多くの父母や子どもからの理解を獲得している。

少しでも政治的な匂いがすれば、人々は拒絶反応を起こして運動の目的が鈍る。純粋な運動を突き通すことがプロジェクトの成功を導いたのではないかと思う。

ここには、現在の僕らの活動に先駆者として取り入れるべき姿勢がある。世の中に、母性、父性に勝るものはない。

セントルイス委員会で働く両親を見てきたエリックは、「私は両親について多く語っていますがこれはグループの努力によるところが大きい」と、力を込めて語っていたのが印象深かった。

「サイレント・ヒーローたち、つまり私の両親だけでなく委員会の他のメンバーが懸命に闘ったことがとても重要で、これだけの年月を経てもなおプロジェクトの内容が知られているのはとても喜ばしいことだと感じています。私は両親について多くを語っていますが、このプロジェクトには多くの人が関わっていました。医師、物理学者、歯科医、そしてマーティン・クイグリー（1890－1964）のような出版者、映画雑誌ジャーナリストが広報担当者として活動していました。バリー・コモナー医師もいました。コモナー医師は政治的なコネクションを持っていました。有名なジャーナリストのマーサ・ゲルホーン（1908－1998）。彼女の母親、女性参政権活動家のエドナ・ゲルホーン（1878－1970）もいました。私の両親だけが特別に何かを行ったのではありません。確かに両親は忍耐のいる仕事をしましたし、賞賛に値します。しかし、このプロジェクトには多くの人が関わっていたことを忘れてはいけません」

このプロジェクトに関わったすべての人がサイレント・ヒーローなのだ。

積極的に行動を起こす女性たち

もう一つ興味深い視点があった。女性たちの行動力だ。

ルークによれば、女性参政権活動家のエドナ・ゲルホーンは女性有権者連盟のセントルイス支部を率いて、産業の大気汚染を規制するためのいくつかの重要なキャンペーンを行ったそうだ。

「家庭や子どもに関連する政治的問題を自分たちの専門分野と見なしていました。たとえば、エドナ・ゲルホーンは断固として『フェミニストではなく、たまたま女性だった市民』と語っていた。1930年代にセントルイスを襲った、耐えがたい黒い石炭のスモッグは、女性たちに産業における煙の規制を改革することを強いました。何万人もの女性の支持を得て、セントルイス市長のレイモンド・タッカーは画期的な大気汚染規制プログラムを開始し、40年以降、街の空から目に見える汚れた石炭の煙をほとんどなくしました。タッカーのモデルプログラムの設計と実施に尽力した女性たちと相談するために、全国から活動家が訪れたほどです。核実験を中止したセントルイスの市民たちがアクションを起こす前にこのようなベースとなる活動があったのです」(ルーク)

そして、乳歯調査に関わった女性たちは、この核実験による環境汚染の問題をこれまでの運動の延長線上にあるものとして認識していた。

プロジェクトに参加した女性の多くは汚染された食品に対して積極的に抗議活動をしていて、消費者組合は乳歯調査を開始するための最初のキャンペーンの一部だったという。彼女たちは主に母親として主婦として、そして環境保護キャンペーンに参加してきたという歴史から自分たちの存在を認識していたそうだ。

「中流家庭の主婦の一人であるエイミー・スワードロウという女性がいました。彼女には4人の子どもがいました。核実験に抗議をした時が、彼女にとって政治活動に参加をする最初の機会でした。後に自伝で『(平和のための女性たちのストライキは) 自分の名前で行動するのを助けてくれました。そして私を郊外から連れ出してくれました。子どもたちと離れることについて罪悪感を抱くことはありませんでした』と語っていました」(ルーク)

エイミーはそれまでは政治に関与しないように家庭に重点を置いていたという。しかし、彼女自身が表に出て抗議するようになってから、意思決定の場に女性の意見を反映させるべきだと思うようになったとルークは言う。

「政府の席を占める多くの男性たちが間違ったことをしていると考えていた女性もたくさんいました。一部の女性たちは政府の男性たちを素通りして海外の女性たちと核廃絶について積極的に意見交換をするようになったのです。例えばペンシルベニア州ブリンマーで開かれた会議ではアメリカの女性たちが、ソ連の女性たちと一緒に『どうすれば政府の男性たちに核軍拡競争を止めさせることができるのか』と、一緒に戦略を議論することができたのです。これは非常に大胆なことでした」

今の日本に欠けている視点とは、議論をすることではないかと思っている。

核の問題を政治というステージだけで考えてしまうと、核兵器を持つ国と国のチカラ関係の象徴と捉えられてしまう。核の問題は命と健康を脅かす環境問題であるという視点で、対話を重ねながら突き通す必要がある。

それを体現したのが、セントルイスで起こった乳歯調査プロジェクトだった。

女性たちが立ち上がり、子どもたちの命と健康を守るために、行動を起こした。それは直接、政治活動をしたわけではないが、アクションを起こした結果、大統領の意思決定を促す重要な調査結果を生み出した。大気圏内核実験を中止させ、アメリカ大陸いや世界を放射能汚染から守ったと言っても過言ではない。

もし、828回の核実験が、地下ではなく地上で行われていたと考えると、背筋が寒くなる。SF小説よりも、恐ろしい結末が待っていただろう。

核の問題は、どの国でも、その製造過程から周辺住民に重大な健康問題が起こっているにもかかわらず、それらを無視して開発が進められてきた。ロシア、アメリカ、イギリスだけでなく、中国、フランスなどの核保有国が直面している問題だ。しかも問題をややこしくしているのは一大産業として成り立っているのでストップをかけられない。放射性物質は目に見えず、時間をかけて人体を蝕むので病気との因果関係を立証できず、生活習慣病で片付けられてしまい被害を立証できない点にある。

核兵器を持つかどうかの議論ではなく、核兵器を持つためにどれだけの人が犠牲になってきたか、そして、どれほどの環境が破壊されてきたかを知る必要がある。

今、地球温暖化に歯止めをかけるための世界の潮流は、CO_2削減に向いている。しかし、CO_2を削減するために、原子力が選択される時代に突入した。放射能の問題は、もはや緊急的状況にある。手遅れ感は否めないが、一刻も早く、根本からリセットしなければならない。

60年前、セントルイスの女性を発端として始まった活動のように、今度は地球規模でうねりを作っていかなければならない。

5章

サイレント・フォールアウト

だ早い。

現代のミツバチからの警告

アメリカで大気圏内核実験が終わってから大気中と身体内の放射性降下物の測定値は急速に減少していった[1)]。これで平穏な生活を取り戻すことができたと思うだろうが、安心するのはまだ早い。

核実験で生み出された放射性物質は今も生き続けている。ヨウ素131は、半分の能力になるのに約8日、ストロンチウム90やセシウム137は約30年、プルトニウムにいたっては2万年以上を要する。世界中に放射性物質が存在することは確かだが、目に見えないためその存在に誰も気づかない。

ある時、記事が目に飛び込んできた。現在のアメリカの土壌に放射性物質が見つかった、というものだった。そんなことは当然のことなので、その事実に驚いたわけではなく、その事実を公然と語っている人物がいることだった。

しかし、彼の肩書をみて腑に落ちた。彼の肩書は「地質学者」だったからだ。地質学者にとって放射性物質は、様々な物質の中の一つでしかない。放射線の専門家であれば、普通の人が

地質学者のジェームズ・カスティー教授は、化学物質による人体への影響を研究

何かと気を遣い、忖度する事実も地質学上の一つの事実でしかない。地球の大気や土壌などに含まれる化学物質が人間にどのような影響を与えているのか、様々な地球上の環境問題をグローバルな視点で研究している。

既成概念にとらわれていた僕にとって考え方をくつがえす良いきっかけになった。放射能問題を専門的に狭く捉えてはいけないということだ。

日本には放射能を語る人間を「左翼」的な思考の持ち主だと決めつける風潮がある。それを壊さなければならない。イデオロギーで考えるのではなく、誰もが考えられる環境問題として捉えなければならないことを学んだ。

だからこそ、その記事を書いた地質学者でウィリアム・アンド・メアリー大学のジェームズ・カスティー教授には、どうしても会う必要があると考えた。

僕がカスティー教授を訪ねたのは、22年7月。バージニア州の公立大学のウイリアム・アンド・メアリー大学は1693年創立、全米で2番目に古い歴史をもち、広大な敷地にお城のような校舎が立ち並んでいる。カスティー教授は、僕たちを出迎えてくれ、研究室まで案内してくれた。

会った瞬間、優しく控えめな人だとわかった。

インタビューは、彼の研究室で行うことにした。広くない研究室の多くを線量計が占めている。これまでも多くの線量計を目にしてきたが、機器は、他の放射性物質を遮断するため、水の入ったたくさんのペットボトルや大きな鉄の塊などで囲われている。ただ鉄も製造過程で放射性物質が含まれてしまうので、場合によっては、戦時中の戦艦に使われていた鉄を使っている場合もある。

彼が放射線量を測定するツールに使ったのは「ハチミツ」だった。

どのようにしてハチミツのセシウム137を測定したのか、彼は、実際にその手順をやってみせてくれた。

彼の語り口は、感情的ではなく、非常に冷静で、地質学者として、事実を事実として淡々と伝えていく。

「瓶からハチミツを取り出します。そして容器に詰めます」

6年前春休みの課題としてカスティー教授は学生たちにある課題を与えた。それは休暇を過ごした場所のハチミツを持ち帰ること。

「このように入れて検出器にかけます。これをガンマ線スペクトロメーターで少なくとも48時間測定します。測定の結果、学生が持ち帰ったノースカロライナ州のハチミツからほかの食品に比べて100倍の量の放射性物質セシウム137が見つかったのです。

アメリカ大陸の東側約150カ所から取り寄せたハチミツのサンプルを測定しています。フロリダからメイン州まで比較的広範囲でアメリカ南東部のハチミツからはセシウムがより多く検出される傾向がありました。ノースカロライナからサウスカロライナ、ジョージア、フロリダまで、一貫してハチミツのセシウム量の値が高かったのです。しかし、私が示したのはアメリカの植物が今なお60年前の核実験によるセシウムを循環させ続けているということです。核実験場から遠く離れた場所でも、このように生態系にはかなりの量のセシウムが残っていることを示しました」(カスティー教授)

ネバダの核実験による放射性物質は60年以上が経過した今もなお、存在している。それを現代のミツバチたちが証明した。

もちろん半減期を考えると、過去に影響を与えたとしても、現在のハチミツに含まれる約半世紀前のセシウム137は人体に影響を与えるほどではない。しかし、微量だったとしても放射性物質が入っていることには間違いない。僕らがそれを食べ続けていることも事実なのだ。

これはハチミツだけの問題ではなく、すべての食品に少なからず影響を与えていると、カスティー教授は言う。

映画はグラウンドゼロからスタートして、ネバダ旧核実験場の「風下住民」の被ばくの事実を伝え、爆心地から遠く離れたセントルイスで起こった女性たちの行動が大統領を動かす、それによってアメリカ国内で大気圏内核実験が中止されてアメリカは救われたかのように思える。しかし、僕は、そうではないことを知っていた。

カスティー教授は「それは大きな誤解です。さらに重要な事実があります」と、僕たちに告げた。

「核実験といえば誰もがアメリカ南西部の砂漠を思い浮かべるでしょう。この放射性物質は核実験由来ですが、すべてネバダから来たわけではありません。それは大きな誤解です。核実験がネバダとかニューメキシコで行われたのは確かですが、それは比較的小さな核爆弾でした。太平洋のビキニ環礁やマーシャル諸島では、はるかに大きな核爆弾が使われました。バージニア州やアメリカ東部に存在する放射性降下物の多くは、太平洋の諸島での核実験とソ連の核実験によるものです」（カスティー教授）

実は僕がこの事実を知ったのは、今から20年前の２００４年、マグロ船乗組員の被ばく事件に出会い、取材を始めた時だった。太平洋で行われた水爆実験による放射性物質の広がりが、

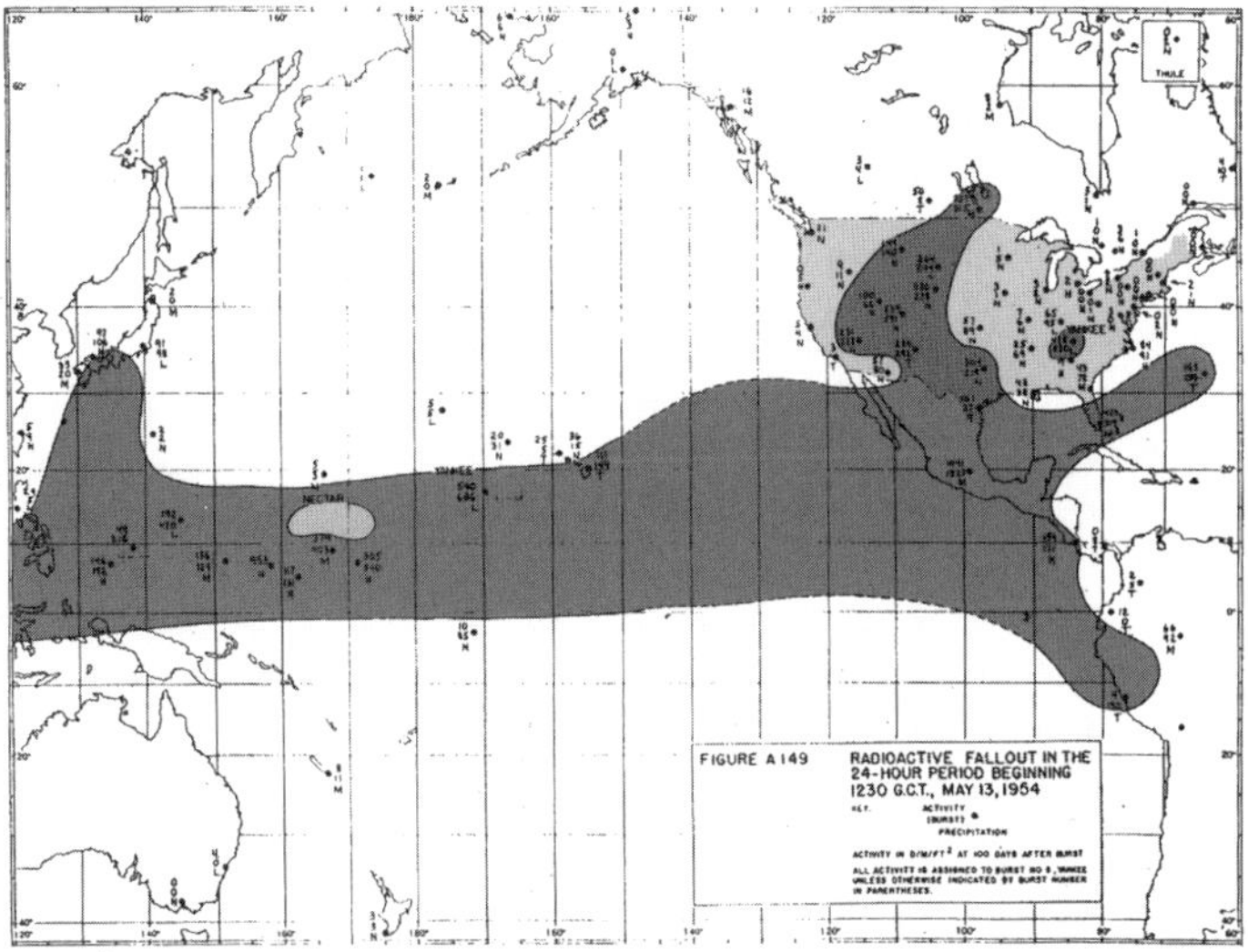

1954年5月14日にエニウェトク環礁で行われた核実験での放射性物質の広がり（アメリカ国立気象局作成）

1日ごとに記録されていたアメリカ原子力委員会の機密文書を入手していたからだ。

当時ある研究者からその存在を聞き、アメリカエネルギー省のライブラリーを検索していたところ、同じ文章にもかかわらずデータ量の重い文書があることに気づいた。それは黒塗りになって消されていた重要な部分がそのまま読めるものだったのだ。

十数年後、アメリカでその事実を確認したいと思い、放射線の専門家や団体を訪ねて意見交換をする機会を何度か得た。ところがそれは僕にとって驚きの連続だった。

アメリカの著名な研究所の放射線の専門家チームに対して、放射線の広がりのデータをアニメーション化してノートパソコンで見せると、みんな頭を抱えて「オーマイガー」と声を上げたのだ。僕はその姿を見てあっけにとられた。放射線の専門家にもかかわらず、核実験によってアメリカ大陸が放射能汚染されたことを知らないとは。彼らのその様子に僕のほうが「オーマイガー」と叫びたかった。

アメリカで、広島・長崎に原爆を投下したことを議論すると、多くの場合「戦争を終結させるため必要なことだった。そのことで多くの米兵が助かった。残酷だと思うが当時の状況を考えるとしょうがなかった」と言う。さらに踏み込んで話すと最後は言い争いになってしまう。彼らとの議論は不毛だ、とまでは思わないが、無力感を常に覚えていた。

どうすればいいのか。

過去の核兵器の使用を、「仕方がない」とすることは、将来同じことが起こった場合、そのことを「仕方がない」で済ませることを示している。

そして、未来での核兵器使用は、国規模ではなく人類の存在を危うくさせる地球規模の被害が出ることに気づいて欲しい。仕方がないでは済まされないのだ。

何年もそのことを悩み続けた。しかし、その答えは、すでに自分の中にあった。

視点を変えるだけでよかった。自分の中では当たり前になっていたアメリカ大陸全域の放射能汚染だった。ことが大きければ大きいほど、その事実に気づかない。戦争を示す言葉に、「一人を殺せば殺人だが、多くを殺せば英雄になる」という言葉があるが、まさにアメリカ大陸が放射能汚染しているということは、アメリカ国民が被ばくしているということだ。アメリカ国民はヒバクシャである。つまり、当事者だということだ。

アメリカ国民が「自分は被ばく者である」と自覚しなければ、広島・長崎の問題を未来永劫、他人事としてしか見られないだろうと思うようになった。この時の出来事がきっかけで全米の放射能汚染をアメリカの人たちに知らせなければならないと思い、「あなたたちも被ばく者なのですよ」と伝える活動をスタートした。

核実験の犠牲となった「第七幸鵬丸」

実際に、太平洋上で行った核実験は、自国の兵士たちに甚大な被害を与えていた。

第二次世界大戦後の46年、ネバダで核実験を始める5年前にアメリカは北太平洋のマーシャル諸島で核実験を始め、その後、62年まで100回を超える核実験が行われた。

46年アメリカが始めた核実験「クロスロード作戦」は2回原爆の爆発があった。1回目の実験では水上のはしけの上、2回目は水中で原爆を爆発させた。当時の実験は、第二次世界大戦の敗戦国から取り上げた軍艦や、アメリカの退役した戦艦など何十隻も配置し、爆弾の及ぼす影響をテストした。

戦艦には何百匹というブタやヤギ、ネズミなどの家畜が積み込まれて放射線の影響の測定に使われた。同時に核実験の危険性について知らされていないアメリカ海軍の兵士たちが実験に巻き込まれた。[2)]

その後、競うように旧ソ連、イギリスが核実験を始めた。

49年8月、ソビエト連邦のセミパラチンスクで長崎と同じプルトニウムの原子爆弾の実験に成功した。イギリスが52年に核実験を始めた後、アメリカは11月には水爆実験「マイク」を成功させた。

マーシャル諸島のビキニ環礁で54年3月1日（日本時間）、アメリカ最大級の水爆実験「キャッスル作戦ブラボー」を成功させた。それはたった1発で広島型原爆1000個分に相当する爆発力を持っていた。日本のマグロ漁船が被ばくしたことで、日本国内でも原水爆禁止の運動が高まった経緯がある。

太平洋の核実験はアメリカ大陸だけを放射能汚染したわけではなく、被ばくしたのは「第五福竜丸」だけでもない。

僕はローカルテレビ局のディレクターをしていた20年前、ドキュメンタリー番組を制作するため、マグロ漁船の元乗組員の家を訪ね歩いた。
「(危険区域を避けて) 大回りすると2日分の燃料が余分にかかってしまうので、禁止区域を真っ直ぐに帰った」(第五海福丸乗組員　山中武　撮影時82歳)
「禁止区域になっているからその付近にいると魚がたくさんいる。みんな行く。危険区域だと知りながらかなり近くまで。行けるところまで行って操業した」(第五豊丸乗組員　今井定雄撮影時83歳)
記録映画「荒海に生きる」(日本ドキュメント・フィルム) は57年、日本のマグロ船第七幸《だいしちこう》鵬丸《ほうまる》の航海を記録した (公開は58年)。
〈(ナレーション) この映画は4500カイリを隔てたクリスマス島の漁場に向かっている。今、クリスマス島の周辺は水爆実験のため危険区域となってまわり道するとなると、燃料が不足して船が帰れなくなってしまう。だから太平洋の水爆実験は、こうしたマグロ船の切実な悩みである〉
〈(乗組員) 最初の獲物があがった。バチマグロだ。今度のはすごくでかいカジキマグロだ〉
高知県室戸岬の漁業で生計を立てている村の人々は、漁港がないため神奈川県浦賀港を拠点にしていた。乗組員22人の木造船で出港し、4500マイル (約7250㎞) 離れたクリスマス島付近まで2カ月の航海を記録。見習いで乗り込んだ少年を中心に漁の様子や船内での生活を描写した。水産業の重要性を知らせるため小学校高学年から中学生までの学校教材として利用された[3)]。

これらのマグロ船は年に6回から8回ほど、太平洋のマーシャル諸島や赤道付近にあるクリスマス島の付近を往復していた。

記録映画には食事の様子が描かれていた。

〈煮炊きは重油コンロでやる。米は塩水でとぎ真水でたく。朝食はマグロのにぎりでみんなを喜ばせる。健康な若い乗組員たち。主食は獲ったマグロでした〉（マグロ船第七幸鵬丸）

05年に僕は「第七幸鵬丸」の乗船員を取材した。

「魚はとったらすぐに解剖するからね。魚が全部ガンになっていた。カジキの体の中に赤土の塊のようなポロポロと崩れるような、内臓の中にそんな塊ができている魚がたくさんあった。あの当時、放射能で汚染した魚をたくさん食べている」（清水啓一郎　撮影時86歳）

「第五福竜丸」がアメリカの水爆実験「ブラボー」の被害にあった後から10カ月間、日本の各港で日本政府が行った放射能検査で、被ばくが確認された船は延べ992隻にのぼった。そのマグロ漁師の体に次々と異変が起こっていた。

「あの当時、夫が漁から戻って「キノコ雲を見た」と自慢していたけれども、乗っていた私の

兄と姉婿が次々亡くなってしまった。夫は兄と1週間違いで亡くなった」（第七幸鵬丸乗船員の妻・尾野スミエ　撮影時73歳）

遺族の元を訪ねると、やりきれないのか辛辣な言葉を浴びせられた時もあった。

「旦那はとっくに亡くなって、その本人は亡くなって」

「初男さんはもう亡くなった」

「聞きたかったら土の下に行ってこい、この奥に行ったら墓の中で寝てる」

「荒海に生きる」に、見習いで乗り組んでいた18歳の〝少年〟こと、桧垣昌作（当時17歳）に会うべく、当時制作していたドキュメンタリー番組の取材のため、マグロ漁船の乗組員の聞き取りをしてきた川口美砂と高知県内の自宅を訪ねた。川口は乗組員の娘で父は30代の若さで突然死した。最年少の昌作はカシキと呼ばれる料理係のため乗船し、兄の介利《すけとし》（当時19歳）は機関員だった。

60年ぶりに映画を観た昌作は意外なエピソードを語り始めた。

〈昌作：（港を）出る折はの、これから垂れ幕をどっさりつけていったがやき。

川口：何の垂れ幕ですか。

昌作：原爆反対の。

川口：原爆の旗を？

介利：そのためにカメラマンを乗せてったけんの。
昌作：そのためにカメラマンを乗せたがーぜ。長い垂れ幕で原爆反対と書いたがをどっさりぶらさげちょったやき。
介利：浦賀でカメラマンが乗っとるおりはの。〉（日本テレビ系「NNNドキュメント'20 クリスマスソング〜放射線を浴びたX年後〜」）[4]

実は、映画「荒海に生きる」で描かれている、57年の第七幸鵬丸の漁にカメラマンが乗っていたことは、２００４年の取材当初から聞いていた。乗組員たちは同乗していたカメラマンのことを「かめさん、かめさん」と呼んでいた。それにしても、なぜ第七幸鵬丸のあの航海にカメラマンが乗っていたのか？　それは疑問として残っていた。

「荒海に生きる」の監督は、ドキュメンタリーでは著名な「亀井文夫」だと知っていた。僕はいつからか、「かめさん」は、「亀さん」だと考えるようになった。監督自らがカメラを回していたのだろうか。

テレビ番組「クリスマスソング」を制作している時だった。１９５７年の水爆実験の新聞記事やアメリカ原子力委員会の記録データなどを細かく分析し、「荒海に生きる」に描かれている第七幸鵬丸の航海を資料や映像からグラフ化し、すり合わせを行っていた。

忘れもしない、それはある新聞記事がきっかけだった。57年5月26日付の高知新聞。

「漁民は実験台でない」

「海上で原水爆反対デモ2漁船、のぼり立て浦賀出港」の見出しに心底驚いた。

その見出しを見た瞬間、すべての謎が一気に解けたのだ。

なぜ、映画化されたのか？　それは、ただ単にマグロ漁をする第七幸鵬丸にカメラマンが乗ったわけではなく、水爆実験に抗議するため、爆心地に向かうマグロ船のその一部始終を記録するためだったのだ。教育映画とされているが、実は、水爆実験によって被ばくするマグロ漁船を撮影した、世界で唯一のドキュメンタリー映画だった。

水爆実験に反対するための抗議船の派遣については、各団体が行く、行かないで大揉めに揉め、結局、2隻のマグロ漁船が業を煮やして出港したのだった。船に乗り込んだのは、亀井文夫監督ではなく、カメラマンの武井大で、「亀さん」ではなく、カメラマンの「カメさん」だということも分かった。

実際、抗議活動については、全国から寄せられた水爆実験に反対する手紙を海に撒いただけで終わったと乗組員は語っている。

「荒海に生きる」は核実験のさなか普段通りに漁が行われていた。これまで何百回と観てきたが、もし、放射性物質に色がついていたら、どれほど恐ろしい光景だったのだろうか、と思う。何気ない船上生活も美しい海や島々も恐ろしい風景として描かれていただろう。

おまけの話だが、マグロ船に同乗していた武井大カメラマンは不法乗船だったらしく、日本に戻った時、警察官に連行された、と乗組員は記憶している。また、撮影に使ったカメラは「荒海に生きる」を保管する日本ドキュメントフィルムの事務所に今も残されている。

抗議活動の3年前、第五福竜丸がアメリカの水爆実験で被ばくして乗船員の一人が亡くなった。日本政府はこれを受けて、当時の厚生省（現厚生労働省）が、日本国内の各港で乗船員やマグロの放射能検査を実施。マグロ、人体、衣服、船体、漁具など、細かく放射能が測定され記録。また、漁獲位置などを地図に記入し、こまかく調査した。その結果、延べ992隻のマグロ漁船が被ばくしていたことがわかった。

54年は、日本中が大騒ぎになり、爆心地付近の漁をやめ、一時的に沖縄近海の漁場で漁を行ったが、厚生省の資料によると、その海域でとれたマグロも被ばくしていた。海は、海流によって放射能が地球規模で広がり、大気は、偏西風で世界中に放射性物質を撒き散らした。

当然だが、太平洋を航行した捕鯨船、貨物船、客船、政府船などすべての船が放射能汚染の被害に遭った。当時、新聞には、被ばくしたさまざまな船や乗組員の容体などが、連日報道されている。ところが、政府は放射能検査を、わずか10カ月後に突然打ち切り、54年12月31日に安全を宣言した。太平洋での核実験は、まさに、そこから本格化するにもかかわらず。

翌55年1月1日以降、公の形で放射能検査が行われることはなく、マグロ漁はいつものように続けられ、爆心地付近でとれたほぼすべてのマグロが水揚げされた。

57年5月25日、第七幸鵬丸は水爆実験が行われた南の海へ。クリスマス島裏側の漁場に向かった。イギリスはクリスマス島の周辺に水爆実験のため危険区域を設定した。出港6日目の5月30日、2000海里（約3700㎞）ほど航海したある日、海上保安庁から「クリスマス島で水爆実験が行われて、これで本年度の実験は全部終了した、との無電（無線電話）が入った」と、記録映画は伝えた。僕は映画のナレーションをすべて書き起こした上、当時の新聞記事や核実験の資料と照らし合わせた。

5月31日、2度目の水爆実験が行われた。クリスマス島に向かっていた船にも連絡が入った。そのことを元船員に聞いてみた。

伊東：水爆実験が終わりましたって言ってますけど、そんなん誰も知らんのですね。
介利：知らん。
昌作：ブイ降ろして島（ロンゲラップ島）にあがるぞいよったけど、やめたの。
介利：汚染された島やけんど、自分ら知らんわけよ。
伊東：ロンゲラップじゃいうのは知ってたんですか？　島の名前とかは。
介利：知らん。
昌作：ただの島よ。
介利：船頭らはわかっちょったかもしれん。

昌作：船頭か局長はしっちょったがやろかい。（同前）

航路はすべて漁労長（船頭）が決めていた。通信長は、無線で核実験があった日時を把握していた。

若い乗船員たちは被ばくの危険性を知らないまま船に乗っていた。第七幸鵬丸が通過した海域は、アメリカがすでに34回の核実験を実施していた。そのうち17回は、わずか1年前に行われていた。強烈に放射能で汚染された海を彼らは日常的に往復していた。

核実験に伴う騒動に終止符を打ちたいアメリカは、日本政府に対して、第五福竜丸が被ばくした後の責任を問わないことを条件とした見舞金7億2000万円を支払うことを提示。日本政府はそれを受け入れた。それに伴い、放射能検査は中止され、すべてに幕が引かれた。マグロ漁師たちは、翌55年1月1日から通常通り、100回を超える核実験が行われる爆心地周辺で漁を行い、放射能汚染したマグロが水揚げされ、食卓に運ばれた。

被ばくした自覚もないまま亡くなった船員が多く、そのような人の話を聞くと悔しくてたまらない。それが僕の活動の原点、「おんちゃんたちの無念を晴らしたい」につながっている。

家族がある日突然ガンで亡くなったとしても、被ばくが原因だと突き止められないまま、鬼籍に入る遺族も増えて、被害そのものが風化しつつあるのが、やるせない気持ちになる。

アトミック・ソルジャー

２０２０年２月、世界中にコロナが蔓延した。イギリスから僕が帰ったのは、20年１月25日。あのダイヤモンド・プリンセス号が横浜港に入港したのが２月３日だったことを考えると、まさにギリギリの帰国だった。

日本で被爆者というと広島、長崎、と答える人は多い。しかし、被ばく者は、世界中に存在する。その中にあって、明確に被ばくさせられた人たちを取材し、その事実を知ってほしいと思い、クリスマス島で行われた核実験に参加した元軍人たちを訪ねるため、イギリスを取材することにした。

イギリスを２０００km以上車で走った。すべて一人で運転した。

取材中に僕は、恐ろしい写真を見ることになる。その写真は、兵士自身が撮影したものだった。驚いたことに核実験の現場には、個人的なカメラの持ち込みが許され、多くの兵士が、日常的に写真を撮影していたというのだ。アメリカの核実験では聞いたことがない。機密性の高い核実験で、それが許されていたとは信じ難く、何度も問い直してしまった。

その写真は、兵士たちのリラックスした日常風景だった。しかし、その向こうには、キノコ雲が立ち上っている。ラスベガスでキノコ雲を楽しむあのアメリカ人たちの姿と重なった。核実験に駆り出された兵士は、まだあどけなさの残る若者たち。クリスマス島の核実験に参加した兵士はおよそ2万2000人、撮影時（2020年）には、そのうち1500人が生存していると言われている。

元イギリス軍兵士ロン・ワトソン（撮影時81歳）は、16歳で陸軍に入隊し、18歳の時にクリスマス島に派兵された。役割はエンジニアとして、飛行場、住宅、宿泊施設などを建設する任務にあたったが、核爆弾が何であるか知らなかったという。

「軍隊は今日と非常に似ていて、上官に言われたら、その通りに任務をやる、でした。意見を言うことも反論もしなかった。島では核実験を5回見ました。

私たちが核爆弾を見た港です。ここに核爆弾が投下されました。

（当日）私たちは早起きして、どこか浜辺の畑に行きました。私は長いズボンを着なければなりませんでした。それが唯一の違いでした。帽子もかぶりました。防護服を着用する必要はなく、問題が発生する可能性も警告されませんでした。爆発が起こった場所に背を向けました。飛行機が飛び回っているのが見え、何が起こっているのかをスピーカーが知らせてくれました。爆弾が飛行機から離れた時、スピーカーから10、9、8、7、とカウントダウンするのを聞きました。それから1、2、3、4と数え始めました。どれくらいの時間がかかったのかよくわかりません。30秒くらいかなと思いました。私たちは爆発がおこる場所に背を向け、目を閉じ

（上から）ロン・ワトソン、エリック・バートン、ロバート・フレミング

て手で目を覆うように言われました。当然そのようにしました。指の骨が透けて見えたので変だなあと思うようになりました。まるでX線みたいに」

ロンはクリスマス島から戻った後、数年以内に歯が抜けて、すべてプラスチックの歯になった。10年もたたないうちに甲状腺の半分を切除したが、すぐにしこりができた。後に直腸ガンを患った。

「6回の核爆発を見た」と語るのは、元イギリス軍兵士のエリック・バートン（撮影時78歳）。20歳の時クリスマス島に駐屯することがわかった時、「パラダイス島」と言われたことを思い出した。イギリスからロサンゼルスを経由してハワイに立ち寄り、飛行機を乗り換えてクリスマス島に向かった。到着した時、大きな空港もなくヤシの木とエメラルドグリーンの海とサンゴしか見えず、何もなかった。軍のキャンプがある場所で初めて将校から「あなたはあそこに行く」と言われた。3日に1回原爆の爆発があり、エリックが着いた時すでに6個の爆弾しか残っていなかった。78日間に24回爆発させるという、今から考えると想像を絶する、悲惨な実験が行われた。そこで、エリックは電気の供給管理を任された。

「軍が原爆投下の記録をするために使っていたすべての機器に電気を供給していました。爆発が起こる前に4、5人の兵士と地下施設に避難し、大きなフラッシュ（爆発）後、外に出るとキノコ雲が徐々に上がって行きました。ほかの兵士はビーチやサッカー場にいました」

後年、不調に見舞われるようになったが、医師の無理解にも苦しんだ。

「93年にガンになるまで何も知りませんでした。私と同じ島にいた友人がすぐ近くに住んでいます。私たちは集まり、核実験について語り、そして関連しているのではと思い始めました。そこから、放射線に関連しているのではないかと思う病に次々とかかりました。原因不明の発作に見舞われて3年間病院通いした時、医師は病名を特定することができず『てんかん』と言われました。その先生は私にこう言いました『あなたは私を騙そうとしていたんだと思っていました』と」

のちに大腸ガンの手術を受けて今は、人工肛門をつけている。

ロバート・フレミング（撮影時84歳）のインタビューは家族に囲まれて行われた。時々、娘や孫たちが、インタビューをフォローしてくれた。

「これまでの人生で聞いたこともない爆発音に襲われました。人が地面を転がって、『お母さん』と叫んでいる人もいました。17歳とか18歳とかの若い徴集兵が大勢いました」

スエズ運河に駐在していた時、突然軍曹に呼び出されてクリスマス島行きを命じられた。ロンドンの空港からアメリカに向かい、アイスランドを経由してホノルル、そしてクリスマス島に着いた。そこでの任務は寝具を兵士たちに配ったりトイレ掃除をしたりなどの雑務が中心だったそうだ。

「私たちは本当にモルモットでした。訓練や仕事以外は、海で泳ぎ魚釣りに行くなど、自由な時間がありました。原爆の実験があった時は何の予告もなく行われました。背中の熱を感じました。振り向いてそれを見た時、それは別の風景でした。それは……（光を遮ろうとして顔の前に覆い隠そうとした）手のひらがX線を見ているようでした」

妻や娘たちに支えられながら必死に訴えていたロバート。しかし、番組放送中に家族から訃報の連絡があった。

「クリスマス島は私にとって生き地獄」と、教えてくれたのはテリー・クインラン（撮影時80歳）だ。

「私たちは家や親戚とはいかなる方法でもコミュニケーションをとらず、将軍の一人から、『自分たちの間でさえ話してはならず、何も話し合ってはならない』という命令を受け、書類にサインを書かされました。私たちが署名したこの公式の秘密の行為は、生涯のものだったと思います。私は大きな車を運転して荷物を運搬する任務に就きました。

60年にクリスマス島の任務が解かれ、除隊した後にすぐに体調が悪くなりました。フランスのある場所で働いていましたが、あきらめなければなりませんでした。脇腹に大きな腫瘍ができてメロンのように腫れあがってしまいました。執刀した外科医が『こんなことは見たことがない』と、語っていましたが、放射能やクリスマス島での任務については一切話すことができませんでした。切除した後も別の病にかかり、再び仕事を失いました。10年間ぐらいの時間を病気のために失ったかもしれません」

英国退役軍人協会が調べたリストを見せてもらった。兵士の名前の隣には死亡した時の年齢が書かれていて、任務先はほとんどがクリスマス島だった。

次世代に引き継がれる〝核〟の被害

エリック・バートンは次世代まで影響が出ていると指摘した。

「友人の多くに奇形児が生まれました。腕や脚がない子も、生まれた時からガンを患っていた子もいます。ひどい話です」

52年に海軍に入隊したダグラス・ハーン（撮影時83歳）は、兵士の調理や事務を担当するため、57年にクリスマス島に行った。

「私には3つのタイプの任務が割り当てられました。一つは科学研究グループのために魚を捕まえることでした。魚を捕まえた後、私たちはその魚を岸に運び、科学者はその魚を集め、どこかに持って行きました。2つ目の仕事は爆発によって殺された魚や鳥を集め、その地域を一掃することでした。水は死んだ魚や鳥でいっぱいで、積み上げた高さが胸あたりまできました。

3つめは強力なレーザーの放射で死んだ鳥を2週間おきに集めて焼却しました。私が最初に目にしたテストは11月で、58年9月まで4回のテストを見ました」

ダグラスは58年にイギリスに戻り結婚後、子宝に恵まれた。60年に長女、63年には次女が生まれた。次女が11歳の時、体調に異変が現れた。

「中学に入学するための試験に合格したばかりでした。彼女は思春期に近づいていて、私たちは体の変化に気づいていました。しかし、髭剃りをするほど口髭が濃くなり、かなり太りましたので、病院に連れて行きました。背中に大きなこぶができていたので、手術で切除することになりました」(ダグラス)

11月の初めに次女は退院し、クリスマスは家族で過ごすことができた。背中のこぶは消えたが、髭は毎日剃らなければならなかったそうだ。翌年の3月に再入院して10時間を超える手術を受けた。約4カ月後、自宅に戻る許可が出て、エリザベス女王即位25年のお祝いに間に合って帰宅した。ダグラスは娘を(車椅子に乗せて)公園に連れていった。

「彼女を公園に連れて行ったのはこれが最後でした。娘は、(手術で)背骨と交差するように右から左までぐるっと切られました。そんな傷を負った子どもが起きて椅子に座り、私と話していることが信じられませんでした。その朝の8時、娘はまだ生きていました。しかし、ひどい状態でした。肺に水が溜まりほとんど呼吸ができませんでした。私は娘をこの腕で抱きしめました。するとすっと息を引き取りました。13歳でした」

（上から）ダグラス・ハーン、シャーロット、スーザン・ウィリス母娘

ダグラスの目から大粒の涙がこぼれた。

日本でも広島、長崎で被ばく者の子どもや孫たちへの影響いわゆる「被爆二世」は問題になっているが、ここイギリスの元兵士たちの子どもも、病気で苦しんでいる人が多い。放射線との因果関係が証明されず、病気になっても何の手当も受けられないまま亡くなるケースも増えていると聞く。被ばく者の子どもたちも高齢にさしかかるため、早急な支援をしてほしい。

母娘でインタビューに応じてくれたのはスーザン・ウィリス（撮影時56歳）と、娘のシャーロット（撮影時27歳）。スーザンの父ジェームズ（2010年に死去）は、23歳から24歳にかけてクリスマス島での任務にあたっていた。父が遺した記録によれば爆弾を設置する任務についていたそうだ。

「父から聞いた話によりますと、テストの前には濡れたタオルを首にかけ、そして目を手で覆いましたが、レントゲンのように手のすべての関節と、骨がすけて見えたと。アメリカのテストとは違い、イギリス人たちは防護服を着用しなかったそうです」（スーザン）

40歳でリタイアした父はさまざまな病気を抱えて、後に前立腺ガンになった。

「私はガンになりました。高血圧で視力も低下しました。それは緑内障が原因で、不安定狭心症、神経障害、血栓症後症候群、肺線維症、糖尿病にもかかっています。1日8時間のケアがなければ、どうしても生活できません。これには起きる、服を着る、髪を洗う、朝食を取るなどの通常の作業が含まれますが、一人ではできません。腕の力がなくなったため髪を洗う必要がある場合でもシャワーを浴びることもできないのです」（スーザン）

スーザンの娘、シャーロットが言う。

「まだ証明されていませんが、（放射能の）影響は15世代後まで及ぶと言われています。私たちはいくつかの研究に参加したところ、あるパターンが見えてきました。誰もがそれを明確に証明することはできませんがパターンでは退役軍人自身、そして第2世代と第3世代に病気が現れています。偶然の出来事ではありません。

（被ばくの問題は）今後も続くでしょうし、どこまで続くかわかりません。私たちはこの問題についてもっと語らなければならないのです」

シャーロットの「私たちが語らなければならない」との言葉が重くのしかかった。被害者にその言葉を語らせている自分は何なんだろうと……。

元イギリス軍兵士の妻、ジャネット・バートンも、友人の子どもが苦しむ様子を見てきた。

「ある友人の子どもは毎日痛みで苦しんでいます。気の毒でなりません。毎日ですよ。兵士たちは若かったから放射能の影響を知らなかったのです。彼らは何も知らずに島に行ったのです。私たちの政府は恥じるべきです。あれだけ多くの若い兵士を送り込み酷いことをやらせ、そこで課した任務を認めようとしないのです」

核実験によって放射性物質が世界規模で広がっていることがわかる。

さらにアメリカ大陸が放射能で汚染されていることをアメリカ原子力委員会は、当時から把握していた。それにもかかわらず、政府はただちに核実験を中止することはなかった。

ジョセフ・マンガーノは言う。

「核実験による放射性降下物に何人がさらされたかと聞かれたら、答えはすべての人です。アメリカのすべての人、世界中の人々です。放射性物質は世界中をめぐり、雨や雪となって静かに降り注いだのです」

愛する人のために

ユタ州のソルトレイクシティの風下住民で、自らも甲状腺ガンの手術を受けたメアリー・ディクソンは、多くの友人、仲間、身近な人たちの無念の死を見てきた。

「以前は死亡記事のスクラップを山ほど保管していたんです。この彼女は友人でした。私たちはネバダ州の核実験場で起こっていることについて一緒に調べて新聞に記事を書いていました。

でも、乳ガンで亡くなってしまったんです。

（もう一人の）彼女は私の同級生で骨ガンで死んだ子です。そしてリサ。彼女はうちの近くに住んでいて、白血病のような血液の病気で亡くなりました。昔はここにこんな死亡記事があったんだけど、もう無理よ。憂鬱になっちゃって……」

そう語ると堰を切ったように泣き出した。

「悲しいけれどアメリカの人たちはほとんど知らないんです。広大なエリアが放射性降下物によって影響を受けていることを知らないのです。歴史の教科書では絶対に教わらないのでほとんどの人は知らないと思います。核実験があったことを知っていたとしても、『昔のことだ』、『自分とは関係ない』、『この話は終わったことだ』と思ってしまうのです。私には事実を伝えていくというとても重い責任があると思っています」（メアリー）

メアリーの涙を何度見てきたか。彼らは家族や大切な人を失った悲しみを背負って生きている。

そして、次女ベサニーを亡くしたクローディア・ピーターソンは、ネバダで最初の核実験が行われた1月27日には座り込みに参加するなど、ジャネット・ゴードンとともに核廃絶運動の先頭に立ってきた。

「本当にひどい話だと思います。ここ（セントジョージ）に住んでいた人たちは被ばくと健康被害の因果関係を証明できません。でも現在、証明責任は被ばく者にあります。

政府は醜く邪悪で汚く腐っていたと思います。こんな目に見えない猛毒を持っていたなんて。私たち一般人を消耗品とみなしていたのです。経験したことはどれも辛いことでしたが、最も辛いのは、自分たちの政府が私の家族を殺したことを受け入れざるを得ないことです」（クローディア）

ネバダの核実験場を案内してくれた、ラスベガスに住むジム・アンドロルは、軍人として水爆実験が行われたマーシャル諸島エニウェトク環礁で78年クリーンナップ作戦に参加した。核実験に汚染されたがれきの処理をしたため被ばくした。現在、全身にさまざまな病気を抱えて生活し、仲間たちとともに被害を訴えている。

「19歳で入隊し、エニウェトクにいた時は21歳でした。後3カ月で兵役が終わるという時にエニウェトクに半年間行かされたのです。任務が終わってアメリカに帰ってから1年後に結婚しました」（ジム）

僕らは彼と出会ってすぐに、思いがけないジムの優しさを知ることになる。ラスベガスでの初日、ジムのインタビューを収録していた時のこと。長時間のインタビューのため、時々、妻のベブ・アンドロルから電話が入ることがあった。何やら要件を話すと、「アイ・ラブ・ユー」

ジム・アンドロルと妻のベブ

と言う。
その後も電話を切る際には必ず「アイ・ラブ・ユー」と言うので、気になってその理由を聞いた。するとジムは「この電話が最後の会話になるかもしれないからだよ」と、答えてくれた。実はベブも大きな病を抱えている。2人にとって日常的な時間と夫婦の会話の一つ一つがとても大事なのだ。
ジムの取材をしている時、ベブは体調が悪くて寝込んでいるので自宅に行くのを遠慮して、ジムには僕らの宿まで来てもらって話を聞いた。彼を自宅まで送った時に、ベブは体調が悪いのに僕らに挨拶するために表に出てきてくれた。そして、涙をこぼしながら突然話し始めたので、急いでカメラを回した。
「長い間一緒だっただけに辛かった。彼はPTSDがひどくて。そして彼は自分だけが生き残ってしまったという、生存者としての罪悪感を持って生きています。若い頃に彼らが受けたことは犯罪です。決して起こってはならないことです。下請けや他の会社の人件費が高すぎるからこそ、このような若い人たちを送り込み、後始末をさせたのでしょう。私は死ぬまで戦い続けるつもりです。

何をさせられたのか。それが認められるまで、そして何によって被ばくさせられたのかが明らかになるまで、仲間を次々失いつつあるけれど、私はやめません。何が起きたかを世界に知らせるまでは。原子力発電も核兵器もすべての国、すべての人がそれを廃絶しなければなりません。それらは私たちの世界を破壊しているのです」

ジムだけでなくジムの側にいたベブも一緒に苦しんでいた。それも戦争に従事しているということだ。

インタビュー中にいつもジムは「いつ死ぬかわからないから」と、語っていた。残された夫婦の時間の一分一秒がいかに大切か。2人だけの時間はいかに特別なものなのか、僕には彼らの気持ちが痛いほどわかる。僕も似たような経験をしたことがあるから。

ベブは話し終わるとジムに顔を向け「アイ・ラブ・ユー」と言い、ジムはいつものように「アイ・ラブ・ユー」と答え、2人はキスをした。僕はそれを映画のエンディングにした。

6章

アメリカでまだ続く「不都合な真実」

千里の道も一歩から

僕らは人生の中で「やっても無駄だ」といってあきらめてしまう場面は多いかもしれない。でもあきらめてしまったら何も始まらない。そこからは何も生まれない。結果ばかり追い求めてしまうが、大事なのはプロセスで失敗から次につながることもある、そこから見えてくるものもあるのだ。

僕の事務所のパソコンの壁紙は、ジョン・F・ケネディ大統領の写真にしてある。写真の大統領は何かを指さしている。僕は、その先に22世紀の地球があると思っている。

生前、大統領は、国民に向けた演説で「中国の古いことわざにあるように『千里の道も一歩から』です。アメリカ国民のみなさん、はじめの一歩を踏み出しましょう。もしできるならば戦争の影から一歩遠ざかり、平和へと抜け出す道を探しましょう。その旅が千里の道のりであっても、それ以上であっても、私たちがこの国で、今、はじめの一歩を踏み出したことを歴史に刻もうではありませんか」と、語っていた。その一歩こそが、遠い未来へ繋がっていると思うし、だからこそ、この一歩を踏み出すことが必要なのだと考えている。壁にぶち当たった時、いつもこの写真のケネディに一歩を踏み出す勇気をもらっている。「その先を見ろ!」と。

24年の夏、アメリカでの「サイレント・フォールアウト」の上映活動を広げていくために再度、クラウドファンディングに挑戦した。当初500万円を目標としたが、本当に多くの人が支援してくれたおかげで1000万円超の寄付が集まった。しかし、アメリカ国内はインフレで物価が高かった。しかも、円安が追い討ちをかけ使える予算は限られた。

この時のツアーの宿は、すべてAirbnb(民泊)を利用した。モーテルだと最低でも一人およそ2万円の費用がかかる上に保安上かなり不安な場所が多い。またホテルだと一人3万円以上の費用がかかるため、一人1万円程度で収まるAirbnbしか選択肢はなかった。

個人の家を一棟借りできるため、自炊や打ち合わせが自由にでき、駐車スペースもある。1泊4万~6万円がかかり、宿泊料だけで200万円以上が必要となった。レンタカー100万円、飛行機150万円、ガソリン代など100万円単位で費用がかかる。

問題なのは食費だ。外食するとサンドイッチ一切れが1300円程度もするほどの物価高に直面した。飲み物を注文し、チップを支払うと2500円程度にもなる。だから宿近くのスーパーに買い出しに行き、ほとんど自炊にした。しかし、食費をクラファンから出すわけにはいかない。すべて自腹にして、人数分に分けて支払った。節約しながらツアーを実行した。

こうして7月11日~8月22日まで43日間をかけてアーカンソー州、メリーランド州、ニュージャージー州、ニューヨーク州、マサチューセッツ州、ユタ州、カリフォルニア州、オレゴン州、ワシントン州の９つの州を飛行機や車で移動して、20カ所で上映活動を行った。

レンタカーは、メンバーが交代で運転した。総走行距離は１万１０００㎞を超えた。

上映ツアーをしながら、アメリカの土を踏んだからには、この目で確かめたかったのは核被害の実態だ。ほとんどのアメリカ国民が知らない〝不都合な真実〟をアメリカの人に知ってほしいと足を運んだ。

珊瑚礁の美しい島が人の住めない島に

マーシャル諸島は太平洋中西部に浮かぶたくさんの珊瑚礁からなる国で、グアムとハワイのほぼ中間に位置する。「太平洋に浮かぶ真珠の首飾り」と形容されるように29の環礁と５つの島から成り立っている。アメリカは第二次世界大戦でマーシャル諸島の支配をめぐって日本と戦い、戦後占領。46年にビキニ環礁で核実験を開始した。

47年に国連の信託を受ける形で正式に統治を始め、58年までビキニ、エニウェトクの両環礁で67回もの核実験を行った。爆発力の総量は広島原爆の約７０００発相当とされている。[1)]

アメリカは核実験の前に、島民を周辺の島々へ移住させたが、事前に避難させなかった住民を米軍基地に収容した。医師らが彼らを放射線の人体への影響を研究する対象としたが、治療はしなかった。広島、長崎に原爆を投下したＡＢＣＣ（原爆傷害調査委員会、現放射線影響研究所）の役割とよく似ている。その後、安全になったとして住民を島に帰すが、病気や障害の報告が相次ぎ、住民たちは自ら他の地域に避難をした。その一つが、アーカンソー州スプリングデールで、マーシャル諸島から移り住んだ人たちのコミュニティが出来上がっている。[2]
住民の間ではガンや甲状腺の異常、死産や先天的に障害を持つ子どもが生まれるなどの被害が現れている。また、いくつかの環礁では故郷の島に戻ることができないほど汚染が深刻化している状態だ。[3]

アメリカツアー最初の上映会は、マーシャル諸島から移住してきた人たちが中心になって上映を主催してくれた。実はこの映画が上映されてからは、「よくやってくれた」という賞賛する声が上がる一方で、一部の批判もあった。それは「マーシャル諸島や、ウラン採掘現場で働いていたナバホの人たちが映画に出て来ない」といったものだ。マーシャル諸島の核被害の大きさを考えるとその批判は当然かもしれない。しかし、１時間強の限られた時間の中で核実験の被害者のすべてを描くことはできない。

この映画を作るにあたって、僕はある決意をしていた。それは核実験によってアメリカの人たちが気づかないうちに被ばくさせられていることを知らせて、被ばく者として当事者意識を持ってもらうことに集約する。だからテーマは限りなくシンプルにする必要があった。

しかし、そのためには、苦渋の決断が必要だった。アメリカ本土の核汚染を描こうとすれば、それまで20年間人生をかけて追いかけてきた日本のマグロ漁船の被ばくをほぼ描けないことを意味していた。被ばくしたマグロ漁船乗組員の被害をアメリカ政府が認め、補償に至るためには、アメリカの人たちに、被ばく者として当事者意識をもってもらうことしか方法はない。

批判に対して気にしてはいられない。批判にとどまれば、それまでだ。たとえ稚拙だろうと、小さな影響力しかなくても、やらなければならない責任がある。こんな放射能まみれの地球にしたのは、僕らの世代だからだ。こんな地球を次世代に渡すわけにはいかない。

アメリカの人たちは「核兵器を持っている」という前提から話がスタートする。そうじゃない。核兵器を持つために、気がつかないうちに自分自身や家族が健康と命を引き換えにしていることを知らなければならないし、そのことに怒りを感じてほしいと思い上映会場をまわった。

そのことを理解すれば、核兵器を手に入れるまでに、自分自身を含めどれほどの甚大な被害が出ていたのかを考えるだろう。アメリカのほとんどの人たちは「原爆投下によって戦争を早く終わらせて、100万人のアメリカ兵の生命が救われた」と、原爆投下の正当性を語るが、真実を知るとその思いが変化してくるに違いない。

これほどの大事件にもかかわらず、国民の大半が知らない事実とは何なのか。情報が巧妙にコントロールされて、都合の悪い情報は表にでにくい状況にある。それはアメリカも日本も変わりはない。

僕自身は、マグロ船の被ばくも訴えたい、マーシャル諸島やクリスマス島の被ばくについてももちろん訴えたいが、それにはまた相当な時間と熱量がかかってくる。この地球上から核をなくすこと。そのゴールに向かうための一歩として映画「サイレント・フォォールアウト」が存在すると信じている。

7月12日、アーカンソー州スプリングデールのマーシャル教育イニシアチブ(MEI、Marshallese Educational Initiative)を訪問した。MEIは、核、環境などの社会問題に取り組む非営利団体で、気候変動とアメリカの核実験による生物学的、生態学的、文化的な影響を調査し、核の被害についての継承活動を行っている。

上映会の主催者でもあるエグゼクティブディレクターのベネディック・カブア・マディソン(取材時29歳)に会い、島の状況や彼らの置かれた立場を教えてもらった。

スプリングデールにはマーシャル諸島出身者が約5000人移住した。核実験の影響で3分の2は島外に移住を余儀なくされた。ベネディックは2001年に移住してきた。23年には移住して初めてマーシャル諸島に里帰りをしたという。

「コロナ禍の前後だったと思いますが、アメリカの退役軍人の会が主催した犠牲者追悼記念日がありました。このイベントにはマーシャル諸島のコミュニティだけでなく、あらゆる場所の除染作業の退役軍人も集まりました。参加した退役軍人は約76人で、私たちは今でも彼らと連

絡を取り合っています」（ベネディック）

マーシャル諸島で行われた核実験に関して、アメリカ国民がほとんど忘れ去っていることを問題視していた。

「19年に、私たちはワシントンDCを訪れて、米国の国民健康保険であるメディケイドの復活について当局者と話し合いました。彼らはマーシャル諸島がどこにあるのか知らなかったと言いました。彼らはマーシャル諸島協定、核の遺産問題についても知りませんでした。そもそも水爆実験を行ったことを知っているアメリカ人は多くはありません。私はアメリカ国中を何度も旅をしてきましたが、その話題を出すたびに、多くのアメリカ人が『知らなかった』と言います」

核を持つことで、国民に健康被害を与えているというのに、メディアを通して情報が伝わっていないということなのだろうか。

映画の上映前に行われたベネディックのスピーチは迫真に満ちていた。

「核の正義について語る時、最初にすべきことは、この映画が伝えている通り、核開発が、私たち国民の健康や環境に与える影響について教育することだと思います。この映画の情報は私たちにとって新しいものです。核問題の最前線にいるコミュニティから来た私でさえ、ネバダが核実験に使われていたことをまったく知りませんでした。ユタ州などの地域を訪れたことがありますが、知らされていない事実がありました。この映画は、核実験の時代から何十年にも

(上) 上映会の前日に「マーシャル教育イニシアチブ」を訪ねた

(下) MEIのエグゼクティブディレクターのベネディック・カブア・マディソン

わたり、私たちが世界中で共有してきたメッセージです。私たちマーシャル人が経験してきたことを、他のコミュニティや国が、同じ重荷を背負うことになることを忘れてはなりません。伊東監督、あなたがこれらの物語を伝えるために旅をして、共有していることは私にとって、マーシャル諸島における核の遺産についての学びを高めることでもあります」

「ビキニを無視するのか」という批判を浴びていた僕にとって、彼や見に来たマーシャルの人たちが映画を受け入れてくれたことはうれしかった。これからも彼らと連帯して闘っていくことができると思うと熱いものが込み上げてきた。そして、いつか彼らのことを映像化し伝えていく段階へ進めたい。

参加者の中にはマーシャル諸島のエニウェトク環礁をクリーンナップした8000人以上の元軍人の一人もいた。ラスベガスに住むジム・アンドロルと同じ境遇の人だ。「エニウェトク環礁の島にある核廃棄の貯蔵施設のコンクリートにヒビが入って、そこから放射能が漏れているのではないか」と、危惧していた。ベネディックが補足説明をしてくれた。

「マーシャル諸島で核実験に使われた2つの地域の一つ、エニウェトクに除染後の廃棄物の貯蔵施設が77年に建てられました。しかし、私たちの理解では40年しかもたない建物で、老朽化しています。そして、アメリカ議会は19年、エネルギー省にこのルニット・ドームの構造評価を指示しました。20年6月に報告書が出て『ドームは大丈夫で（放射性物質は）漏れていないし、心配ない』と結論づけました。しかし、紳士（質問をした元軍人）が憂いているように、それは危険な問題です。

14年、私たちの核追悼イベントで、エニウェトクのクリーンナップに参加した退役軍人たちが当時の様子を話してくれました。『目が覚めたら、海岸にたくさんのドラム缶があった。どこから来たのかわからなかった。そしていつか目が覚めたら、それらはすべて消えていた。さて、それらはどこに行ったのか』と」

次に「アメリカの人々のことを思って映画を制作していただいたことに感謝します」と言った参加者は、父が長崎の原子爆弾を作った場にいたと打ち明けてくれた。

「私の父は43年にワシントン州ハンフォードでプルトニウムの製造を始めたその現場で働いていました。そこは国内で最も汚染された場所です。アメリカ中のマンハッタン計画のすべての場所も同様です。そして私の父は何も知らずに現場で作業に従事しました。国はアーカンソー、オクラホマ、ミズーリから低学歴の労働者を募集しました。そこで最初は銃を作り、次にプルトニウムを作っていました。あなたの映画に出てくる、何も知らなかった退役軍人たち、モルモットのように使われて『クリーンナップに行ける』と言われただけの退役軍人たち、すべて真実です。父は『自分たちは何をしているのか知らされず、42年に戦争に行くか、爆弾を作るかと言われて、爆弾を作るところに行った』と語っていました」

核兵器を製造する現場から、健康被害が起きている。

この日の上映会では、南半球のオーストラリアでもイギリスによる核実験があったほか、世界有数のリゾート地タヒチがあるフランス領ポリネシア、マウイヌイでもフランスによる核実験が193回も行われた、など様々な情報を共有することができた。

「原子力平和利用」を被爆国日本に売り込むトリック

1945年7月16日、この地球に核兵器が生まれた日。

アメリカ・ニューメキシコ州のアラモゴード実験場で初の核実験が行われた。核の問題を考える場合、最も重要な日の一つだと思っている。この7月16日にアメリカン大学のカッツェン・アート・センター・アブラムソン・リサイタル・ホールで映画を上映できることは、とても意味があると思った。

アメリカン大学核研究所・エネルギー環境研究所が主催となり、同所長のアルジュン・マキジャニ、原子力研究所所長のピーター・カズニックが「7月16日に上映会をやりたい」と早くから計画してくれた。嬉しいことにこの日は、ユタ州からメアリー・ディクソンも参加してくれた。

歴史家でもあるピーター・カズニックは、映画監督のオリバー・ストーンとともに、「語られなかったもうひとつのアメリカ史プロジェクト」の中で、「原爆投下によって戦争を早く終わらせて、100万人のアメリカ兵の生命が救われた」というアメリカの原爆投下の正当性を一貫して批判している。

この日はワシントン史上、記録的な暑さに見舞われたが、会場のトークはさらにヒートアップしていった。ピーターが警鐘を鳴らしたのは、今、世界は核の脅威にさらされているという現実についてだった。

「今回の映画は、核兵器が再び国際的な話題に戻ってきた非常に重要な時期に行われることになりました。ご存じのように9つの核保有国はすべて、核兵器を近代化させています。世界では1980年代半ばの約7万発から約1万2000発まで減少しましたが、核保有国の間では核兵器の数を増やしつつあります。イギリスは核兵器を40パーセント増やすと言っており、中国も同様です。私たちは非常に危険な時期に突入しています。また、為政者が再び核兵器の使用を脅かすようになりました。私は、外交シンクタンクのクインシー研究所が発行する『責任ある国策』に記事を共同執筆しました。この中で、ウクライナやパレスチナのガザ地区、台湾、南シナ海において、62年のキューバ危機以来の核戦争の危機に直面していることを警告し、核科学者たちの間でも非常に危険な時期に突入したと認識されています」

この時、アメリカは大統領選挙の最中だった。トランプ大統領の最高顧問の一人であるロバート・オブライエン氏が「フォーリン・アフェアーズ」誌に「新たな核実験を求める記事」を書いたことは、多くの人を怯えさせた。また、ニューヨーク・タイムズ紙は7月5日、「トランプ大統領の顧問ら、大統領が当選したら米国の核実験を要求」という見出しの記事を掲載した。そして、トランプ大統領が再選された。これが今直面している現実だ。

僕らパネリストを紹介する前に、ピーターが重要な点について話を始めた。それは、「原子力平和利用」というレトリックを使って、アメリカが核兵器の保有を増やし、核実験を進めたという不都合な真実だ。

「著名なパネリストを紹介する前に、もう少し歴史的な背景を説明したいと思います。１９５０年代は核開発と、軍拡競争が本当に制御不能だった10年間でした。特にアイゼンハワー（第34代大統領、任期53年1月〜61年1月）の考えは、50年6月25日から始まった朝鮮戦争中に繰り返し伝えられたように、『通常兵器と核兵器の違いはない。すべての核兵器は時が経てば通常兵器になる。銃や他のものと同じように、核を使用してはならない理由が見当たらない』といった考えの持ち主でした。実際、アイゼンハワーが大統領になった時、アメリカは１０００発強の核兵器しか持っていませんでしたが、任期が終わった時、２万２０００発の核兵器を保有していました」

その一方で、広島・長崎への原爆投下を非難した唯一の大統領でもあった。この巧妙な〝二面性〟外交で、世界に核を売り込んでいったとピーターは言う。

「彼は、核兵器と通常兵器の違いをなくそうとしました。そこで思いついたのが『原子力の平和利用』です。核のエネルギー使用を軍事的なものよりも社会的に利益のあるものへと活用させることに焦点を移すことが最善だと確信したのです。側近の一人、国防総省の心理作戦委員会のコンサルタントを務めたステファン・ポッソーニは『原子力が建設的な目的に使われていれば、原子爆弾をもっと容易に人々は受け入れるだろう』と助言しました。

53年12月、国連で演説し、世界中で核兵器を平和的に使用するための『アトムズ・フォー・ピース』を訴えてスタンディングオベーションを受けました。

しかし、それも長くは続きませんでした。54年3月にアメリカがマーシャル諸島で核実験を開始したからです。ビキニ環礁で行われた水爆実験（キャッスル作戦・ブラボー）により、日本の第五福竜丸、マーシャル諸島の島民を被ばくさせました。国際社会はこの水爆実験のニュースに愕然としたのです。インドの首相ジャワハルラール・ネルーはアメリカの指導者たちを『危険で自己中心的な狂人で、自分たちの政策の邪魔になるものは人であれ国であれ爆破するだろう』と厳しく非難しました。世界中で核、アメリカの指導者に対する恐怖が生まれた時に平和目的の原子力を売り込むことを思いついたのです。

平和目的の原子力を売り込めば、人々は軍事目的の原子力を受け入れるだろう。そこで最初の国際原子炉を設置することを決めた場所はなんと広島でした。幸いにも、それは実現しませんでしたが、日本では核の平和利用を推進するキャンペーンを全国展開したのです」

ピーターの共著書『原発とヒロシマ』（岩波ブックレット）には、アイゼンハワー政権が核開発を推し進める中で起こった、第五福竜丸の被ばくをきっかけに、核の平和利用を交渉していく過程が描かれていた。

日本国民の共感を得られるのはそう容易ではないと考えたアメリカ大使館、国務省情報局（ＵＳＩＳ）、中央情報局（ＣＩＡ）が原子力の利用を日本で普及させるために大掛かりなキャンペーンを開始した。その時、プロ野球巨人軍の初代オーナーで、日本テレビ社長、読売新聞の経営者でもある正力松太郎（１８８５－１９６９）に助力を求めたという。

日本に原子力を迎え入れる準備として大きな話題となったアメリカによる博覧会を、読売新聞が協賛することに正力は同意して、読売新聞が協賛した。4)

55年11月１日から22日まで、東京・千代田区の日比谷公園で行われた「原子力平和博覧会」にはなんと36万人もの人が訪れたそうだ。その後、名古屋、大阪、広島、福岡など、日本の各地で行われて日本の新聞社が共催した。共催すれば、その後、原子力についての不都合な真実は当然伝えられなくなる。こうして日本のマスコミはアメリカに忖度していった。

過去の新聞記事などは最近ネットで見られるようになった。驚いたのは広島の平和記念資料館（原爆資料館）で、原子力平和博覧会が56年３月25日から６月17日まで開催されたが、その期間中、原爆犠牲者や遺族の魂が込められた遺品などの展示物を一時的に近くの公民館に移して、実験用原子炉の実物大の模型や、電飾を用いた核分裂反応の模型図、核物理学者の紹介パネルを展示したというのだ。特に子どもたちに人気だったのは機械式アームの「マジックハンド」で、原子力を肯定的に捉えるための役割を果たした。[5)6)]記事には被爆者の声を載せている。そこには、「二度と核兵器を使用してはならない」と力強く語る被爆者が、展示品を絶賛して核の平和利用については賛成するコメントが掲載されていた。被爆者のお墨付きを得たので、アイゼンハワー大統領の心理作戦は成功したといえよう。日本の被爆者の間でも、核の平和利用については意見が分かれた。それは今も続いている議論でもある。

地球温暖化が世界的に深刻な環境問題となる中、二酸化炭素を排出しない原子力発電に注目が集まっている。日本でも２０１１年３月、福島第一原発事故以来、原子力発電所は運転中止となったが、放射性廃棄物の処理問題には触れないで相次いで再稼働させている。資源がない日本では石油と同様に原子力発電の燃料ウランを海外からの輸入に依存している。政治や経済が安定しているオーストラリアやカナダなどと長期契約を結んでいるが、危険と隣り合わせの作業を海外の人たちに従事させているということを僕らは認識しなければならない。[7)]

ウラン採掘の廃棄物と隣り合わせの生活

ニューメキシコ州アルバカーキから西へ約２０００㎞、アリゾナ州にほど近いナバホ先住民が住むチャーチロック周辺では、カラフルで複雑に折り重なった地層に岩などの、西部劇に出てきそうな光景とは別に、目に見えない放射能の恐怖が人々を襲っていた[8]。

このアメリカツアーでどうしてもこの目で確かめたかったのが、核実験に使う原子爆弾の燃料となるウラン採掘場跡地だった。核実験の被害だけでなく原子爆弾の製造工程も、甚大な健康被害を与えるだけでなく、生活やコミュニティ、文化を奪った。

7月30日、31日と2日間にわたって、アルバカーキからナバホの先住民が暮らす地に通った。2日目はレッドウォーターポンドロードコミュニティアソシエーション（The Red Water Pond Road Community Association＝RWPRCA）のテリィ・ケアンナ（取材時43歳）らに、鉱山の跡地などを案内してもらった。

「鉱山は精錬所の背後に位置し、鉱石をトラックで精錬所へ運び込む仕組みになっていました。精錬所では、鉱石の精製が行われ、廃棄物はパイプラインで運ばれました。ウラン鉱山から出る放射性廃棄物は、その多くは適切に管理されず、地表や地下水に漏出しました。さらに、地下のパイプラインを通じて周辺地域に広がり、広範囲にわたる環境汚染を引き起こしました。鉱山にはナバホの人が十分な防護服も与えられないまま作業に従事したので多くの人が健康被害に遭いました。この汚染は現在も続いているのです」（テリィ）

ナバホの人たちは伝統的な儀式や食文化を大切にし、コミュニティの結束が強い。日照り続きの日には雨乞いの祈りを捧げ、母系社会で女性が家長や氏族長を務める。女性たちが編んだ「ナバホ・ラグ」と呼ばれる羊毛の敷布は19世紀には貴重な交易品だった。

ナバホの先住民の皆さんと

羊を飼い、ハーブを育ててお茶を飲む。そんな自然と一体化した暮らしが崩壊した。1979年7月16日の早朝、チャーチロックの溜池のダムが崩壊して、1100トンの放射性粉砕物と、放射能を含んだ汚染水がアリゾナ方向に流れた。洪水そのものによる死者は一人も出なかったが、濁流の通り道になった沿岸地域には放射性物質が流れて、多くの人が被ばくしたと言われている。

「私たちの住む地域は2つの鉱山からそれぞれ1kmぐらいのところに挟まれており、近くにはウラン精錬工場があります。そして79年にアメリカの歴史上、最大の廃棄物放出事故が私たちを襲ったのです。決壊したダムからは汚染水が流出し、固形廃棄物も一緒に広がりました。これにより、70マイル離れたアリゾナ州サンダースのコミュニティまで汚染が及んだと報告されています。現在、残された廃棄物をプールの近くに移動する計画が進められています。ナバホのコミュニティは、これらの廃棄物を完全に移動させるか、処理することを求めています」

問題なのはナバホの人々の健康状態だ。鉱山で働いていた人々やその家族には、長期間の放射線被ばくにより深刻な健康問題が発生している。

「証言によると、呼吸器系の問題、心臓病、ガンなどが多く報告されています。ある証言者の叔母は、ウラン鉱石の純度を測定する仕事をしていました。彼女の叔父は、鉱山での作業中に天井から滴る水を飲んでいたと述べています。その後、彼は食道や胃に潰瘍を患い、現在も健康問題を抱えています」

僕はテリィに「どうしてこんな危険な場所に住み続けるのか」、「ここに住むということはものすごくリスクが高いと思う」と質問した。

「そうです。私たちコミュニティが受け入れなければならない現実があります。私たちは伝統的にここが故郷です。私たちは生まれてへその緒が切れると、ここ（ナバホの土地）に埋めます。『帰巣本能』のようなもので、常に私たちを故郷へと導いてくれるのです。『どうして引っ越さないのか？』といった質問もよく受けますが、私たちはこの土地の一部であり、その絆を解いて離れることはできないのです」

その言葉を聞いた時、僕は涙を止めることができなかった。漁場を破壊されたマグロ船の乗組員、故郷を汚された福島の人々、島を奪われたマーシャル諸島の人々の姿が重なった。

核の被害を訴える中、テリィたちはいわれのない差別とも闘っている。アメリカの環境省の職員からある時、「お前たちは金がほしいからそこに移り住んだんだろう」と言いがかりをつけられたことがあったそうだ。ウラン採掘が始まるもっと前から羊を飼い、数が記録された書類があった。その書類を示して対抗したこともあった。ここでも被害を証明するのは加害者側にあるはずなのに、被害者が証明をしなければならない理不尽さがつきまとう。

テリィらはこうした問題について映像の制作などを通じて啓発活動を行っている。

テリィも僕らの取材の後、叔母とともにすぐに日本に行かなければならないと言っていた。8月6日に合わせて広島へ行き、多くの集会に参加してナバホの人たちが置かれた状況を訴えたいと言う。「私たちは差別に立ち向かい、このような問題を解決するために私たちの映像を作り、たくさんの人に知ってもらいたい」と、語っていた。

8月6日抗議集会に参加

8月6日、午前8時15分——。広島に原爆が投下された時刻に合わせて日本や世界で祈りが捧げられる。僕は朝8時半から開催されているローレンス・リバモア国立研究所での抗議活動に参加するため、朝早く宿を出発した。

ローレンス・リバモア国立研究所は、サンフランシスコ市から東に70㎞。なだらかな丘に囲まれた市の東部にあり、核兵器の開発を目的に52年に設立された。周辺には牧場やぶどう畑が広がっていたが、宅地開発が進み周辺は住宅街が広がる。87年には連邦環境保護局から「スーパーファンド・サイト」という土壌などが一番汚染された区域に指定された。

研究所の汚染処理施設で働く従業員が被ばくしただけでなく、周辺にも汚染は広がっていると指摘されていた。近くの公園で大気圏内核実験の影響で検出されたプルトニウムよりも100倍も多いプルトニウムが見つかった、といった情報もあるのにもかかわらず、開発は止まらない[9)]。

なんと「2030年にはレーザーを使った核融合発電の実証を目指す[10)]」という新技術計画のニュースを見て、思わずめまいを覚えた。今まで健康と命を犠牲にして核開発を進めてきて、健康被害に遭った住民に対して十分な補償をしないまま、今度は最先端技術の開発に突き進む。アメリカの病巣を見た。

研究所の周囲は広大すぎて抗議活動が行われるゲート前にたどりつくまでに時間がかかってしまった。到着した時にはすでにゲート前ではイベントが行われていて、順番にスピーチをしている。

実は、このイベントの主旨をほとんど理解していない状態で訪れたのだった。事前に主催者から届いたメールには、「抗議活動に参加して、逮捕されてもいい場合は、申し出てください」というようなことが書かれていた。参加したいと思ったが、逮捕されると10年間はアメリカに入国できなくなる、と聞かされ断念。ゲート前には、パイプ椅子が並べられ、何十人かの人がスピーチに耳を傾けている。対峙するようにアメリカ軍と警察官が立ち並び、こちらを警戒している。物々しい雰囲気の中、僕はスピーチだけはしようと英語で語りかけた。

〈私は核実験はアメリカ大陸の中でも行われていたことを知りました。アメリカ国内では、51年に核実験がスタートし、929回もの核実験が行われました。そのうち101回の大気圏内核実験、828回の地下実験が行われました。大気圏内核実験を止めた人たちがいます。それは、核実験によって子どもたちが被ばくしているのではないか、と心配した女性たちでした。

もし女性たちが行動を起こさず、828回の地下核実験が地上で行われていたら？　おそらく、この国は強く放射能汚染され、生き物の住めない場所になっていたでしょう。女性たちの行動は、アメリカ史上最も素晴らしいものだったと思います。しかし、ほとんどのアメリカ人は彼女たちのことを知りません。彼女たちは、真に讃えられることのなかった英雄たちです。子どもたちの命より大切なものなどあるでしょうか？　私は一人の人間として、彼女たちのことを誇りに思います。外交問題は、文化や経済、また軍事的なも

英語のスピーチにチャレンジした

のをはらみます。しかしながら人間の命は、それらすべての上に立つものだと思います。

アメリカは、国民の健康と命と引き換えに核兵器を手にしました。核兵器は、国を守るものだと言います。しかし、国民の健康や命を犠牲にした核兵器で何を守ろうとしているのでしょうか？　これはアメリカだけでなく、他の核保有国への私からの質問です。私からの提案は議論することです。家族で友人と、地域で、そしてアメリカ議会で……。60年前女性たちが行動を起こしたように、またアメリカで、子どもたちの健康と命を守る行動が起こることを、僕は信じています。また奇跡が起こる、と信じています。22世紀に生きる子どもたちへ、安全な地球を残しましょう！それは私たち大人の義務です。〉

僕にとって課題だった英語のスピーチだったが、カタコトながらなんとか通じたようで終わったあと大きな拍手があがった。壇上からおりると、何人もの人が駆け寄ってきた。「日本への原爆投下の際、父がパイロットとして参加した。だからあなたに謝罪したい」という人、「母が、アメリカ原子力委員会で働いていたから、私は、この活動をしている」という人など。そんな重い言葉に正直たじろいだが、アメリカにも同志がいたと思うと嬉しくなった。

森の中に潜む1000発の核弾頭

8月17日、シアトルでの上映会の会場「グラウンドゼロセンター」は、キトサップ海軍基地に隣接されて建てられていた。キトサップ海軍基地はかつてのアメリカ海軍のバンゴール海軍潜水艦基地である。

到着した会場は、人里離れた場所にあり、のどかで緑豊かな環境で、「なぜ、こんな場所にあるのだろう?」と疑問に思いつつ、上映まで1時間余りしかなく、慌てて上映機材を組み立てていた。準備をしていると主催者の男性が、「まず各上映が始まる前に見てもらいたいものがある」と声をかけてきた。

彼は、ぼくを庭の隅っこに連れていくと、フェンスの向こうを指差し、「わずか1マイル(約1.6㎞)先に1000発の核弾頭が配備されている」と言った。フェンスには、立入禁止の表示が掲げられている。「だから抗議の意を含め、この場所にコミュニティとなる会場を建設した」という。

小型化した核弾頭はここではミサイルではなく、潜水艇や魚雷に装備するということだ。すぐに配備できる核弾頭は世界に約4000発ある。そのうち、1000発が目の前に準備されている。アメリカの大統領が「核のボタン」を押せばすぐに発射できるようになっているということだ。1000発の姿はもちろんわからない。木々が覆い、フェンスの数メートル先にはウクライナの国花でもある「ひまわり」が植えられていた。

庭には巨大な平和記念碑（パゴダ）が建設中だった。日本人の住職の金枝宣治がこの地に腰を下ろし建設を先導している。上映後、彼は声をつまらせながらその思いを語った。

上映後のアフタートークでは、会場からたくさんの意見が出た。

ある参加者は、映画を通じて多くを学び深く感謝していると言ってくれた。彼は「アメリカ社会に存在する抑圧や支配のシステムが人々を『使い捨て』として扱い、無知な状態にとどめている」と指摘。「この構造が人々を分断し、性差別、人種差別、階級差別、年齢差別、障害者差別などの形で現れている」と、鋭い分析をした上で、「多くの人がその現実を認識して立ち上がることが必要だ」と強調した。

次に発言した心理学者は、アメリカ社会には極端な「ラディカル個人主義」という「汚染物質」があると表現し、それが人々の意識に影響を与えていると語った。アメリカの文化には「自己」が共同体よりも重要だという思想が浸透して、それが社会の中で責任感を希薄にしていると語った。

別の参加者は、個人主義がアメリカで強く根付いている一方で、核問題に直面した時、愛する家族や自分の健康が脅かされると感じたならば、多くの人がその危険性に憤りを覚え、行動を起こす力になる可能性があると語った。彼は、日本人が「空気を読む」文化により、問題を言葉にして表現することが少ないのに対し、アメリカでは個人の権利や自己主張が強調されるため、核問題に対しても他人事ではなく、個人の問題として関心を持ちやすいと言う。そして、アメリカ特有の個人主義が、核問題に対して正の作用をもたらす可能性があるとして期待を示した。

フェンスの向こうに1000発の核弾頭が配備されている

また、ナバホの先住民との関わりを持つ参加者は、ワシントン州の先住民コミュニティ「レミネーション」が企業を相手に行った訴訟の成功例を挙げた。

彼らは企業が自分たちの居住地近くに石炭積み出し港を設置しようとした際、環境団体「Friends of the Earth」などの支援を受けて訴訟を起こして勝訴した。このケースを紹介し、もしナバホの先住民が政府や大企業に対して訴訟を起こすことになれば、多くの組織が支援し、声を上げることでその活動がより広がる可能性があると提案した。さらに、アメリカ国民全員が放射能汚染の被害者であることを証明し、全体で政府を訴えることも一つの方法であると述べ、核問題における集団行動の重要性について言及した。

別の参加者は、僕の映画が視覚的に問題をわかりやすく伝え、核問題に関心を持たせる強力なツールであると称賛してくれた。

アメリカツアーでは多くの人が集まった会場もあれば、数人程度の場所もあった。しかし、共通しているのはアフタートークで必ず自分の意見を言うこと。ディベートがさかんな国民性なのか、いろんな意見が出て解決につながるヒントが出た時、あらためてアメリカに来てよかったと実感できた。

43日間の総移動距離は1万6000km（飛行機5000km、自動車で1万1000km）。参加スタッフは入れ替わりもあり8名。上映会の参加者は619人。ツアーの費用は1100万円、150万円の赤字（24年9月時点）が残ったが、次のステップにもつながる手応えがあった。

7章

私たちはみんなヒバクシャ

未来を生きる子どもたちのために

映画「サイレント・フォールアウト」はアメリカの人たちに見てもらうために作った。だから、日本国内で、多くの人に見てもらおうという強い動機はなかった。しかし、思いがけず、国内での上映が増えていき、２年間で２００カ所を超えていた。メディアにもほとんど取り上げられていないし、広報活動もしていないので、映画を見た人が上映を企画するという連鎖がその結果を生んでいる。

一般的にドキュメンタリー映画は配給会社と契約して、全国の映画館で上映される。しかし、この映画は配給に支払う資金がないので、必然的に自主上映一択となった。全国の主催者からの依頼を受けて上映をしてもらうシステムだ。

この映画では、主催者の負担を軽くすることで上映の機会を増やし、その分、見に来る人たちに分担して負担してもらおうと考えた。大勢で負担すれば、一人の負担は軽減できる。つまり、上映貸出料は無償。ただし寄付を呼びかけてもらう、というもの。主催者が寄付を呼びかけたけれど、まったく寄付の申し出がない場合は、それでよし。寄付はあくまで任意であって相場はない。

上映後のトークのギャラは無償。ただ交通費や宿泊費などの実費はお願いする。僕自身は、会場で呼びかけるチャンスをもらえて、会場のみなさんと対話できる上、感想や意見をもとに映画をさらにブラッシュアップしたり、現場の空気感を体感したりしながら次回作を思考できる。それがメリット。だから、フィフティ・フィフティ。それで目的が達成できる。

これもテレビ番組を制作し、収入があるからできること。僕は3作目にして、映画と自らの生活維持の折衷案を見つけた。


上映後のトークのテーマは、日本とアメリカでは、異なる。

日本では「アメリカだけじゃないよ」、そしてアメリカでは「当事者意識をもって」となる。

24年夏、アメリカで43日間上映ツアーを行い、映画を上映し終わった後のトークでは『いい話』と『悪い話』があります。どちらから聞きたいですか？」と、僕はあえて質問をしていた。「いい話」と、会場から声があがったら、いい話をした。

「1950年代に女性たちが行動を起こしてアメリカ大陸を救いました。これは素晴らしい話です。すごいことです。このことを多くの人に知ってもらいたいし、皆さんは誇りに思って欲しい。

僕はこの映画に『アメリカ史上最も重大で、最も知られていない事実』というコピーをつけましたが、大げさでも何でもない。なぜなら、もし、あの時女性たちが行動を起こさなかったら、ケネディ大統領が大気圏内の核実験を中止にしなかったら、８２８回の地下核実験がもし地上で行われていたら、人類どころか動物も植物も住めない土地になっていたでしょう。女性たちがアメリカ大陸を放射能から救った。そのことを知ってください。

25年は第二次世界大戦が終わってから80年。また、女性たちが奇跡を起こすかもしれない、僕はそのことを期待したい」と、伝えてきた。

１９６１年11月1日、全米で5万人の女性たちが水爆実験に抗議をするためストライキを行った。呼びかけ人の一人で、「Women Strike for Peace」の創設者であるダグマー・ウィルソンは、直前に次のような声明を出して、全米中の女性たちに訴えた。

〈あなたは男性がどのようであるかを知っています。彼らはまるでチェスのゲームであるかのように、抽象化と名声と爆弾の専門性について話します。そうではありません。大声で叫ぶしかない時もあると思います。核兵器に反対して声を上げて叫ぶ女性だけが、核兵器をなくすように求めています。[1]〉

つまり、「男たちは政治というチェスをやっている、女たちは叫び声を上げて行動を起こす」。お金儲けとか、国と国が力関係で話をするのではなく、何が一番大事かというと、命と健康だ。

ニューヨークの会場では満席になった

特に子どもたちの命と健康、いくらお金を儲けたとしても墓場までは持っていくことはできない。まずは健康で命がある。子どもたちが普通に暮らせる場所を作る。このシンプルなメッセージに異論を唱える人はいないだろう。

「悪い話」は、「この会場にいる人は全員被ばく者です。このアメリカ大陸に住んでいる以上は、逃れようがありません。残念ながら被ばくの事実をアメリカ政府から伝えられていません」と。

家族、友人、自分自身の命と健康を引き換えにアメリカは核兵器を持っていることを知ってほしいと訴えた。

僕は、「核兵器を持ちたい」と言う人に言いたい。その時は、「核兵器を持つために自分自身や我が子の命も捧げる」と、言うべきだと。

アメリカ上映ツアーでは僕の意見に異議を唱える人、反発する人はいなくてほとんどの観客が納得してくれた。ただ、それで伝わったとは思っていない。上映を見に来る人は反核・反原発の運動をしているからだ。次は核問題に関心のない人、核兵器を持つべきだと考える人と対峙したいと思っている。

私たちはみんなヒバクシャ

では日本はどうか。映画を見て「私はアメリカに住んでいなくてよかった」と言う人がいる。その時は、「残念ですが、日本列島はアメリカ大陸どころではない放射能汚染に見舞われていますす」と、伝えている。

僕はよく講演で「私たち日本人はみんな被ばく者なんですよ」と、話をする。たいていは「また大袈裟なことを言っている」、「陰謀論だ」と反論されるが、陰謀論でも何でもない。それに、思想的に「左翼」だと指摘されることもあるが、僕は右でも左でもないと思っている。

40年代から始まったアメリカと旧ソ連の核実験、80年代まで続いた中国の核実験、そして86年のチェルノブイリ原発事故などによって、長年、日本にもたくさんの放射性物質が降下し続けている。気象庁気象研究所が公開しているデータではっきりと示されている。

これまで集めてきた資料の中にこんな新聞記事を見つけた。

〈福岡市で五日朝降った雨から一リットル当たり毎分六十万七千カウントの放射能（日本で最高）が検出されたが、福岡管区気象台観測課が六日午前九時に同雨を再測定したところ、なお三十八万六千五百カウントの放射能が検出された。カウント数が一日で半分近く減ったのは、雨の中に含まれている放射能の中にかなり寿命の短いものが含まれていたためである。〉（高知新聞61年11月7日付）

この当時のマグロの廃棄基準は1分間で１００カウント。とてつもない雨が降っている。翌日に再測定したら半減していたと書かれていた。爆発してかなり早い段階で福岡に来ている。ケネディ大統領が大気圏内核実験を中止したのが63年8月なので、アメリカもしくは旧ソ連の核実験の影響だと思われる。

また、各地の大学では空気中の放射線量を測定していたという記事も見つかった。

〈【鹿児島】鹿児島大学医学部衛生学教室（主任北原経太教授）は六日午前十時から七日午前十時までの二十四時間に採取した空気中のチリから一平方あたり八十二万一千ＭＭＣ（毎分三十二万四千カウント）の放射能を検出。〉（同11月8日付）

【松江】島根県衛生研究所は六日夜、松江地方の降り始めの雨から一cc当たり千三百五十

ＭＭＣ（一リットル当たり毎分二十七万カウント）の放射能を検出。〉（同）

全国で高濃度の放射線量を観測しているのにもかかわらず、国は火消しに走っていた。内閣対策本部の発表として、「各地の放射能は平常値の三十〜百二十倍」だったのにもかかわらず、「人体には影響はない」と結論づけていた。

「人体には影響はない」は今も昔も常套句だ。

この当時の新聞を見ると、マグロ漁船だけではなく捕鯨船、貨物船、観測船、ありとあらゆる船が被ばくしていたという事実を当時の新聞が伝えていた。これについては、何ひとつ解明されていない。亡くなった人はたくさんいても、なぜ死んだのかわからないまま今日に至る。

講演でいつも見てもらうスライドの一つが、気象庁気象観測所のデータだ。

全国の地方気象台では57年から雨量だけでなく放射能の量も測っていて、ストロンチウム90、セシウム137の月間降下量を毎月公表している。

グラフを見ると57年から観測を始めていることがわかる。アメリカ、旧ソ連、イギリスが部分的核実験禁止条約を批准して63年から核実験を中止したのにもかかわらずグラフは急降下し

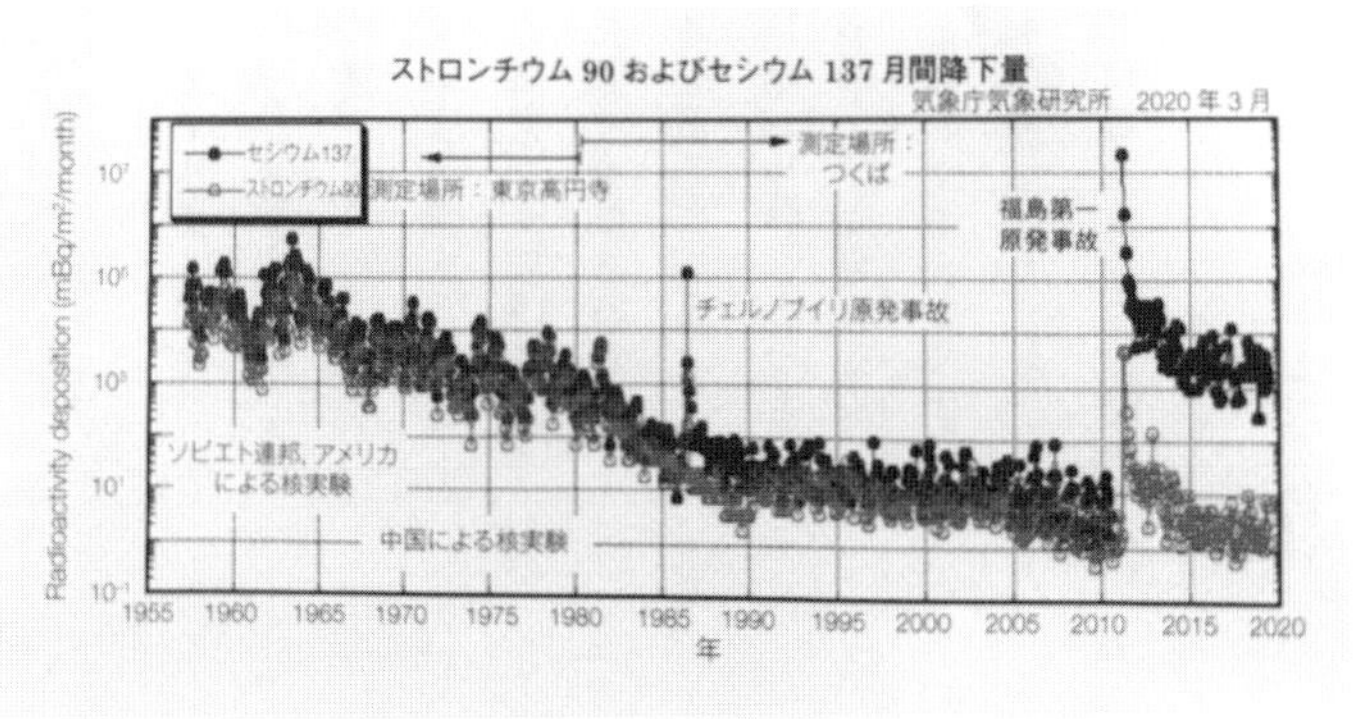

気象庁気象観測所のデータ（2020年3月）

ない。なぜかというと中国が大気圏内の核実験を始めてしまったからだ。

後に中国の核実験も終わったので80年代にかけて少しずつ右肩下がりになるが、グラフが急上昇する時期がある。86年4月26日、旧ソ連ウクライナ共和国の北に位置するチェルノブイリ原発で、原子力発電開発史上、最悪の事故が起こった。その後、２０１１年にトドメを刺すように福島第一原発の事故が起こった。

核実験時代とは比べ物にならないほどの大量の放射性物質が降り注いでしまった。チェルノブイリ原発事故よりも、福島第一原発事故後のセシウム131、ストロンチウム90の数値のほうが、断然多い。

しかも、91年に旧ソ連で制定された法律「チェルノブイリ法」に当てはめると、北関東や東京の東側も〝避難の権利〟区域並みに汚染されている場所がある。日本政府は「大丈夫」と言っているので、普段通りの生活を送っているが、健康被害は何年も、何十年も経ってから現れるのでそれが生活習慣病が由来なのか、被ばくが原因なのかわからない。

被ばくしたことを知らないで、被ばくが原因で亡くなっていく、ということを繰り返さないためにも、すでに結論が出ている過去の被ばく問題を掘り起こし、リスクを明らかにしていくことが必要だ。もう一つは調査し記録を取ること。調査記録がないということは、そのまま「なかったこと」にされる。

福島第一原発事故の後、私たちは「年間1ミリシーベルト」とか、「年間20ミリシーベルト」とか聞くようになった。被ばく限度量を表す数値で、こうした基準はICRP（国際放射線防護委員会）が定めているが、ICRPの前身であるNCRP（北米放射線防護審議会）という組織は、核実験を行ってきたアメリカ原子力委員会の影響を強く受けている。つまり、泥棒が泥棒を取り締まるルールを決めている。ことあるごとに基準が緩められている歴史がある。放射線量を測り、健康に影響を与えるかもしれない〝物差し〟が緩められている背景があることを、僕らは知っておかなければならない。

ところが、日本では原発事故も放射能汚染も今や「終わった話」とされていて、多くの人々は関心を失っている。

世界では〝ＳＤＧｓ〟（持続可能な開発目標）が叫ばれているが、ＳＤＧｓでは、放射能の問題はまったく重要視されていない。

17の目標のうち、７と13につながる取り組みに、温室効果ガスの排出量を全体としてゼロにすることを意味する「カーボンニュートラル」の実現のため、化石燃料を燃やすなと言っている。

その一方で、経済産業省は24年12月、中長期的な政策指針「エネルギー基本計画」の原案に、「可能な限り原発依存度を低減する」との表現をカットした。

「40年度の電源構成は、技術革新やデジタル化進展に伴う電力需要の増加を明確に見通すのが難しいため、前回計画に比べ幅を持たせる」として、「40年度の発電量全体に占める原発の割合は２割程度と見込む」とはいうものの、「自民党が提言した原発の建て替えの要件緩和も盛り込む。同じ電力会社であれば、廃炉が決まった原発の敷地外でも建設できるようにする」としている。[2)]

僕はやはりそう来たか、と思った。二酸化炭素（CO_2）削減のために、何をするかというと原発再稼働しかない、というロジックに導いている。その前に「核のゴミ」放射性廃棄物の問題を解決すべきではないだろうか。

「海のゴミを拾いましょう」と言うのと同じように、この映画を見てくださった人たちが、「核のゴミ、健康被害をなくそう」と動いてほしいと思う。

アメリカでは日本より直接的に、経済優先で健康被害は二の次、といった動きが加速している。

24年9月、アメリカ東部にあるスリーマイル島原子力発電所について、現地の電力会社は原発を再稼働させて、IT大手のマイクロソフトに電力を供給するという報道が出た[3)]。

事故を起こした2号機は再稼働の計画には入っていないそうだが、アメリカでAI向けのデータセンターの電力需要が高まる中、IT各社は再生可能エネルギーなどの活用を進めているという。「ウォール・ストリート・ジャーナル」は、「AI向けデータセンターは膨大な電力が必要で、テクノロジー業界が温室効果ガスを排出しないで24時間稼働する電源を渇望していることを示している」と報じた。

利便性を追求するあまり、健康と命を犠牲にするというリスクを伴う。トランプ政権の発足で核実験が再び行われるかもしれないという危機感を抱くだけでなく、そこに原発建設が加速するかもしれない、という危機が再び目の前にある。

〝痛み〟に寄り添い続ける

上映会終了後のアフタートークでは、思わぬ〝ハプニング〟もある。24年12月、広島市内の公民館で行った会では、福島から避難してきた人の思いを知ることができた。

福島第一原発事故の1年後に移住してきたという人は、「事故後、当事者意識がなくフルタイムで仕事をして土日もないくらい忙しく働いてきた。放射能のことを調べれば調べるほど住んでいた街が終わりだと思い、避難した」と、つらい話を教えてくれた。見知らぬ土地で知り合いもいない中、なんとか12年間生活をしてきた。何度も故郷に戻りたいと思っても戻れないと思ったそうだ。

日本の中でも、アメリカの風下住民たちと同じように苦しんでいる人がいる……。そう思うと、僕は込み上げてくるものを抑えることができなくなっていた。

原発事故後の福島はガイガーカウンターで計測すると、放射線量が6点いくつという高い数値が出る街で、外で水道メーターの検診をしている友人もいたそうだ。

「大丈夫だから」という国の言葉を信じたために、今思うと大切な仲間たちが大変危険な目に遭っていたことがわかった、と涙を流しながら話してくれた。その参加者から僕が受けた質問は、

「(あきらめてしまう自分がいるが、監督は)どうしてあきらめないのか。その気持ちをお聞きしたい――」

「今こうして発言されたことはあなたはあきらめていない、ということ。行動を起こすことだけでなく、つらい体験を話すことだけでも一歩を踏み出していることだと思います」と、言いかけたところで、言葉につまってしまった。

「あまりいい表現ではないのだけど、僕の活動は〝仇討ち〟なんです。取材でお世話になったマグロ漁船の人たちの仇討ちなんですよ。悔しいですよね。刺し違えてでもどうにかしたいという気持ちがあります。僕はおんちゃんたちの無念を晴らしたい。あきらめてしまって何もしなかったらそれ以上のことはない」

と、答えるのが精いっぱいだった。ここで言う。〝仇討ち〟というのは謝罪と補償。そのための方法として効果的なのは、アメリカの人たちに核に対する考えを変えてもらうこと。

日本でも核を持つアメリカに守られているという立場で「核兵器を持つ、持たない」という議論が始まっている。相手が持つならばこちらも持たなければならないと言って、どんどんエスカレートしていく。持つ、持たないの議論の前に核兵器を作る過程でどれだけの被害が出ているのか議論をすることが必要だと何度も、繰り返し訴えている。

自主上映会に参加してくれた人が、上映会を企画してくれるといった嬉しい連鎖が起きている。できるだけ多くの人たちと対話をしていきたい。

すべての核被害者とともに

様々な取材で出会いがあり、その後もこのように心の交流を続けられることがある。自称、素人ビデオヲタクの仕事は本当に素晴らしいと心底思った。

20年年明けからのイギリスの取材では、たくさんの〝アトミック・ソルジャー〟元英国軍人の家を訪ねた。

ダグラス・ハーン夫妻の家には、2日間にわたってインタビューでおじゃました。彼らはサンドイッチや紅茶まで用意して歓迎してくれた。でも、そこで聞いた話は、我が子の死という辛い話だった。長い取材を終え、片付けをして帰ろうとした時、ダグラスの妻からこう声をかけられた。

「忘れものをしていきなさい」

最初は彼女の言い間違いか、英語ができない僕の聞き間違いではないかと思った。

もう一度聞き直すと、「忘れ物をしたら、また私たちのところに戻って来られるでしょう?」と言う。やさしい言葉に僕は涙を堪えるのが精いっぱいだった。こんなに優しい人たちが、放射能で苦しんでいる。核兵器開発のため彼らをモルモットにした加害者に対して、いつしか僕は憎しみを抱くようになった。

オチがある。僕は本当に忘れ物をしてしまい、翌日彼らの家に戻り、彼らと再会を果たした。彼女は笑顔で「だから言った通りでしょう」と言い、笑顔でハグをした。

また、映画が完成してからユタ州のセントジョージの介護施設で暮らすジャネット・ゴードンを再び訪ねて、施設で上映会をした。車椅子で現れたジャネットは撮影の時よりも一回り小さくなっていた。上映後、寝台ベッドに寝たままの彼女は、手を差し伸べてくれた。あの力強い握手は、今でも忘れられない。そして、彼女の眼差しからは、何十年も座り込み活動を続けた彼女の鋼のような信念と核兵器廃絶への思いが十分すぎるくらい伝わった。

クラウディア・ピーターソンは映画を見て号泣していた。2人は世界中を飛び回って核実験の被害を訴え続けていた。人は誰でも老いる。行動範囲も若い頃と比べて少しずつ狭まって、活動をしたくても体が言うことを聞かなくなってくる。

僕自身もそうだが、思いを聞いてもらえていない、思うように伝えられない悔しさが、何十年にもわたって続く苦しさは、とてもじゃないが表現できない。彼女らの悔しさは、筆舌に尽くしがたいものがあるだろう。おこがましいが、彼女らの思いを日本人の僕が、映像を通して世界の人に伝えようとしていることに少しだけかもしれないが希望を感じてくれたのではないか、その涙だったのではないかと推し量った。

ジョセフ・マンガーノのインタビューは、時間や場所が制限された中で行われた。実は、この映画は、マンガーノ中心で構成するつもりだった。しかし、思うようにいかず、渡米前に大きく構成を変えた。しかし、取材後、その理由がわかった。彼はこれまでたくさんのメディアの取材を受けてきたが、一度もその取材が日の目を見なかったというのだ。

当然僕らに対しても「どうせ取材をしても使われることはないのだろう」といった印象を抱いていた。そのせいか完成した映画を見てすごく喜んでくれた。彼は、会う度に「ようこそブラザー（兄弟）！」と言ってハグしてくれるようになった。もちろん、僕も同じ気持ちだ。

取材で出会った人たちとは「活動してきてよかった」と思えるような時間を共有できた。だから、何があっても放射能の問題を変えていかなければならないのだ。僕の小さな人生だが、皆の人生を賭けて、闘わなければならない。

アメリカの取材では、ちょっと苦笑いというか、笑える思い出があった。それは「ハグ」。多くの人が、男女問わず取材を終えるとハグしてくれる。でも僕は、ハグに慣れていない。なんとも奇妙なぎこちないハグの連続だった。でも、家族のように受け入れてくれた人たちとの出会いは、僕にエネルギーを与え、これからについて固い決意をさせてくれた。

メアリー・ディクソンの自宅を何度訪ねただろう……。24年春のアメリカツアーでも、メアリーは何度も会場に足を運んでくれて、地元ソルトレイク・シティでも主催者になってくれた。上映会の前日、8月3日には僕らスタッフたちを自宅に招いてくれた。大きなダイニングテーブルで歓迎してくれたのは、メアリーが声をかけたネバダ核実験場の風下住民の仲間たち。家族や友人を病気で失い、自らも闘病中の人がほとんどだ。

一人ひとり、被ばく時の状況やその後、何が起こったのか詳細に教えてくれた。

メアリーが話の途中である箱を持ってきた。そこから取り出したのは、被ばくで亡くなった人やガンと闘っている人たちの衣服の一部。その中には01年に亡くなったメアリーの姉、アンのものもある。布は春頃から集め始めて今は何十枚もある。

「私たちは生存者の皆さんに、衣服から四角形を切り取って提出してもらっているの。これは亡くなった女性でミシェル・トーマスのものよ。彼女はもう亡くなってしまった。そして、私が（彼女の元に）行った時にTシャツから切り取ったものを使ったわ。犠牲者を追悼するだけでなく、生存者、今現在ガンで闘病中の人にも送ってもらっているの。棒に吊るすバナーを作って、美術館やアート展に展示したいと思って、今どんな方法があるのか構想中なのよ」（メアリー）

故人や闘病中の人と思いを共有するメアリー・ディクソン（左）

メアリーはいつも前進している。亡くなった大切な仲間の生きた証を、核実験の被ばくで亡くなったことを一人でも多くの人に知ってもらうツールを絶えず考えている。

そのメアリーの情報提供で、次回作は決まった。タイトルは「(仮)子羊たちの真実」。

1章の後半でも紹介したように、53年春、ネバダ核実験場東部、ユタ州シーダーシティで羊の放牧で暮らしていたブロック兄弟のエピソードを中心に続編を作ることにした。

カーンとマクレー・ブロック兄弟が、核実験場から数マイルの場所で核実験に遭遇した直後、およそ2000頭を超える羊が謎の死をとげた。

シーダーシティでは越冬した1万1710頭のうち、出産中の雌の羊1420頭と2970頭の子羊が死んだ。2年後、ブロック兄弟と5人の牧場主は、羊の死が核実験の被ばくによるものだとして、政府を訴えた。しかし、認められることはなかった——[4]。

置き去りにされた被ばく者の痛みに寄り添い続けて、「声」を伝えていくと決意を新たにした。

エピローグ

「もしあの時、こうだったら……」

　僕らはいつも過去を思い出しては、今と比較する。

　もし、あの時、セントルイスの女性たちが行動を起こさなかったら。

　もし、ジョン・F・ケネディ大統領が、大気圏内核実験を中止しなかったら。

　もし、828回の地下核実験が地上で行われていたら、アメリカ大陸だけでなく、世界は強烈に放射能汚染され、人が生きることのできない場所になっていただろう。自ら政治決断をしたケネディ大統領がこの世を去った後、弟のエドワード・ムーア・ケネディ上院議員（1932年－2009年）が、平和な世界を構築するための〝千里の道〟を引き継いでいた。

　エドワードは兄の娘、キャロラインと広島を訪れていた。その時の様子が著書に書き残されていた。

〈広島市は大量の死と破壊の記念物以上のものとして存在しているのである。広島市は核軍縮への前進の必要を説く生きた聖書として存在していたのである。一九七八年一月十一日〉（E・ケネディ著　入江通雅訳『E・ケネディ演説集　アメリカの課題と挑戦』世界日報社）

〈二度と再び黒い雨を降らせてはならない　一九七八年一月三十日〉（同上）

広島を訪れて〝何か〟を決意したのだろうか。

アメリカ政府とアメリカ原子力委員会は、核実験による被害をあの手この手で封じ込めてきたが、ジャーナリストやエドワード・ケネディ上院議員の努力によって、１９７０年代後半から極秘扱いのまま公表されなかった核実験関連報告、アメリカ原子力委員会の会議報告が次々と公にされた。

決意を実行に移した日があった。

〈きょうの聴聞会は政府に対する国民の信用および信頼の低下によるものである。というのは、記録の示すところによれば、連邦政府は二十年以上にわたってユタの市民を、その用意もなく、何も知らせずに、したがって適切な警戒措置もとらせずに、危機に曝《さら》していた。記録によれば、一九五〇年代におこなわれた核兵器の実験は一九六〇年代および一九七〇年代にガンを発生させたものと考えられる。記録によれば、ユタの人々は、常に愛国心を誇り、政府の繰り返しての保証を信じたのだが、いまや政府に誤導されてきた、さらにはっきり言えば、だまされてきた、と感じるに至っている。一九七九年四月十九日〉

（同上）

次回作の準備のため僕が入手した報告書の一つに1979年4月19日ユタ州ソルトレイクシティで上院小委員会（保健及び科学的研究）が開催した「ネバダ核実験場における地上核実験による放射性降下物、1951年〜1962年」がある。[1)]

この公聴会では、放射性降下物の影響を受けたユタ州の住民や羊飼いなど、さまざまなコミュニティに及ぼす影響に焦点が当てられていた。

1章で飼っていた羊が大量死して、その後廃業せざるをえなかったユタ州の羊飼いであるブロック兄弟の一人が証言して、ケネディ上院議員が質問を主導していた。

ブロック：1953年の朝のことでした。私たちは羊をネバダの放牧地から私たちの敷地に移動させていました。ネバダ山脈からユタ山脈に向かうトレイルの途中にいました。私は羊の群れと一緒に馬に乗って羊を観察していました。羊が草を食べていると飛行機がやってきたんです。馬に乗って飛行機を眺めていたら、突然、爆弾が落ちたんです。それは予想外でした。私たちがいた所のすぐ南に、原爆の実験場があったんです。当然ながら、（爆発の後にできた）その雲が上がって来て、私たちの上を流れて行ったんですよ。その日の少し後に、4輪駆動車やジープに乗っていた陸軍の人たちに、私と、キャンプにいたもう一人の羊飼いに向かって「君たちは本当に危ない場所にいるね」と言われました。立ち止まって、私たちと話をしました。
ケネディ上院議員：その閃光を見た時何を見たのですか？　何を見たか言えますか？
ブロック：大きな閃光を見た時目がくらみ、手で目を覆ったのを覚えています。私は馬に乗っていました。そして雲が立ち昇り広がり始めた。
ケネディ上院議員：これは以前にはなかったことですか？
ブロック：今まで私はその雲を見たことがありません。私たちは冬の間ずっとその地域で羊を飼っていて、早朝に馬に餌をやるために起きて、一日を始める前に私たちの馬の世話をするのですが、その時にこの原子爆弾の爆発で空が明るくなるのを見たことがありました。でも、あんなに真正面から爆弾を見たのは初めてでした。
ケネディ上院議員：今、彼らはあなたが本当にホットな地域にいると言って来ましたか？
ブロック：彼らは言いました、「あなたは本当にホットスポットにいる。ここから出た方がいい」と。そう言われましたが、私たちは動くことができませんでした。
ケネディ上院議員：動けないとはどういうことですか？
ブロック：私たちは羊の群れを追わなければなりませんでした。羊が歩くのと同じ速さで移動しなければなりませんでした。それは私たちが動けるのと同じ速さで、あまり速くありません。1フィートも動けないという意味ではないのです。リンカーン鉱山まで行ったんです。そこにはかなりの人数がいました。そして、私がダン・シーム氏から得た報告によると、彼らは（米軍の）基地に無線で連絡し、こう言ったそうです。「羊飼いが2人、すごく危険な場所にいるんだ。どうすればいいんだ?」と聞くと、「2人だけなら放っておいて、この鉱山の人たちを援護に回せ」と。それが、私が見た光景です。

公聴会ではケネディ上院議員が執拗にブロック氏に質問をしていた。

ケネディ上院議員：あなたに何が起こった?
ブロック：羊を失い始めました。
ケネディ上院議員：どういう意味ですか?
ブロック：子羊を産み始めた時、私たちは彼らを失い始めたのです。生まれた子羊は足が小さくお腹がポッコリしていました。中には毛がなく毛の代わりに皮のようなものがついているものもありましたね。そしてその羊に餌をやるんです。もちろん、飼料も補給しましたし水も運びました。給水タンカーがあって、水を運んだんです。そして、飼料を補充しました。子羊の飼育場に入ると、干し草と穀物で育てました。たくさんの子羊が生まれ、その時生きていた父は気が狂いそうでした。それまで見たこともないような光景でした。私も、他の誰も見たことがありませんでした。
ケネディ上院議員：さて、あなたはしばらくしてから獣医を呼びましたか?

ブロック：ジョンソン博士という獣医を呼びました。
ケネディ上院議員：彼は何と言いましたか？
ブロック：彼はそのようなものを一度も見たことがないと言っていました。
ケネディ上院議員：この年は干ばつでしたが、私が理解しているように、あなたは飼料を補い、また……。
ブロック：毎日餌を補い、水を運んでいました。この羊たちには栄養が必要だったんです。
ケネディ上院議員：さて、政府はあなたの羊を検査しに来ましたか？
ブロック：後に彼らはやってきましたが、来た時にはほとんどが死んでいました。子羊の飼育場に行って、30頭か40頭くらいの死んだ羊を集めて、もうこれで全部だと。次の日にまた行くと、さらに30頭から40頭の羊の死骸を運び出すんです。
ケネディ上院議員：彼らがあなたの羊にガイガーカウンターをあてたことはありますか？
ブロック：彼らは羊にガイガーカウンターをあてて、「これは針が柱から外れている」と言ったのです。「このカウンターは針が外れている。これらは本当に熱いんです。本当に熱い」と言ってうちの敷地内で、何頭かの羊にそれをあてました。
ケネディ上院議員：この時、あなたの健康について心配する人はいませんでしたか？
ブロック：誰も私の健康について言及しなかった。放射能について何も知らなかった。
ケネディ上院議員：あなた自身の判断で、放射線以外の他の原因で、これらの羊が死んだと思いますか？

ブロック氏が飼っていた羊、約２２００頭のうち１２００から１５００頭が死んだと推測された。このうちほとんどが奇形で生まれた子羊だった。政府は同じ地域で飼われていた馬の牧場主には補償金を支払っていた。

だが、羊を飼っていたこの牧場主には十分な補償金は支払われなかったそうだ。ブロック氏の父は経営に行き詰まり、他の農業経営者のところにお金を借りに行き、土地も売った。経済的にも大打撃を被った。

家畜だけでなく、シーダーシティでは大勢の人が亡くなっている。次回作でも、被ばくの事実、放射能汚染について念を押すつもりだ。

映画を作るだけでなく、自主上映をするにあたっては多くのスタッフに協力をいただいている。この場を借りてお礼を言いたい。アメリカでは24年11月「ＳＩＬＥＮＴ　ＦＡＬＬＯＵＴ．Inc」を立ち上げた。プロジェクトを維持するために老後資金を使い果たしてしまっても、未来を生きる子どもたちのために歩みを止めるつもりはない。

引用・参考文献

プロローグ

1 「核開発競争とビキニ水爆実験―「第五福竜丸」と延べ９９２隻の被災船」
https://shizuoka-heiwa.jp/?p=1763
「戦後75年オンラインミュージアム戦争と静岡」（静岡平和資料センター）

1章

1 https://www.nicovideo.jp/watch/sm7155260（※パブリックドメインからの転載）

2 「World Nuclear Survivors Forum 2021」
https://nuclearsurvivors.org/wpNS/wp-content/uploads/2021/12/WNSF_Mary_Dickson_JP.pdf

3 ２０１６年６月20日中國新聞「グレーゾーン 低線量被曝の影響 第４部核大国の足元で〈上〉風下から」
https://www.hiroshxnimapeacemedia.jp/?p=60731

4 ２０２４年６月11日産経新聞「核実験被ばく者補償法失効　米議会、延長ならず　補助金申請の受け付け終了」
https://www.sankei.com/article/20240611-NCYHA4DQBJPX3CKG44YVMQULE4/

5 トリシャ・T・プリティキン著　宮本ゆき訳『黙殺された被曝者の声』（明石書店）p138-140

6 UNITED STATES ATOMIC ENERGY COMMISSION JANUARY 1955『ATOMIC TEST EFFECTS IN THE NEVADA TEST SITE REGION』
https://www.fourmilab.ch/etexts/www/atomic_tests_nevada/

2章
1　フレッド・ピアス著、多賀谷正子、黒河星子、芝瑞紀訳『世界の核被災地で起きたこと』（原書房）
2　石山徳子「ネバダ実験場とヤッカ・マウンテン」
https://www.jstage.jst.go.jp/article/americanreview/42/0/42_57/_pdf
3　ハワード・L・ローゼンバーク著、中尾ハジメ、アイリーン・スミス訳『アトミックソルジャー』（社会思想社）p30-31
https://www3.nhk.or.jp/news/html/20240518/k10014453061000.html
4　２０２４年５月18日ＮＨＫ　ＮＥＷＳ　ＷＥＢ「アメリカ政府　臨界前核実験を実施と発表　バイデン政権で3回目」
https://www3.nhk.or.jp/news/html/20240518/k10014453061000.html
5　『広島平和記念資料館総合図録』（広島平和記念資料館編）
6　春名幹男著『ヒバクシャ・イン・ＵＳＡ』（岩波書店）p119-121
7　公益財団法人日本分析センター「牛乳：ヨウ素131とは」
https://www.jcac.or.jp/site/faq/method-milk.html

3章
1　バリー・コモナー著、安部喜也、半谷高久訳『科学と人類の生存　生態学者が警告する明日の世界』（講談社）p149
2　ジョセフ・ジェームズ・マンガーノ著、戸田清、竹野内真理訳『原発閉鎖が子どもを救う　乳歯の放射能汚染とガン』（緑風出版）p52-53
3　同　p48
4　同　p60
5　同　p61
6　THE PAULING BLOG June 1, 2011「Baby Tooth Survey」
https://paulingblog.wordpress.com/tag/committee-for-nuclear-information/

7 同 p62
8 同 p62
9 日本歯科医師会
https://www.tooth-fairy.jp/about/
10 マンガーノ著、前掲書 p69

4章
1 シオドア・C・ソレンセン著 大前正臣訳『ケネディの道 未来を拓いた大統領』（サイマル出版会）
2 「世界の核弾頭データポスターしおり 2018.7」（核兵器廃絶長崎連絡協議会、長崎大学核兵器廃絶研究センター）
3 LUKE RITTER「Mothers against the Bomb The Baby Tooth Survey and the Nuclear Test Ban Movement in St. Louis, 1954-1969」（Missouri Historical Review）
4、5、6 ジョセフ・ジェームズ・マンガーノ著、戸田清、竹野内真理訳『原発閉鎖が子どもを救う 乳歯の放射能汚染とガン』（緑風出版）p85, 30, 98

5章
1 ジョセフ・ジェームズ・マンガーノ著、戸田清、竹野内真理訳『原発閉鎖が子どもを救う 乳歯の放射能汚染とガン』（緑風出版）p100
2 桐生広人写真と文『母と子でみる23 ヒバクシャ 世界の核実験と核汚染』（草の根出版会）p12
3 「荒海に生きる―マグロ漁民の生態」（日本ドキュメントフィルム）
https://www.yidff.jp/2001/cat113/01c123-2.html
4 2020年5月24日放送、日本テレビ系「NNNドキュメント'20クリスマスソング～放射線を浴びたX年後～」

6章
1 国際機関太平洋諸島センター「『太平洋に浮かぶ真珠の首飾り』と呼ばれるマーシャル諸島へ、観光促進の視察」
https://pic.or.jp/pic_news/791/

2 「【そもそも解説】第五福竜丸が被曝　70年前のビキニ水爆実験とは」２０２４年３月１日朝日新聞デジタル
https://www.asahi.com/articles/ASS2W62CDS27PTIL00R.html

3 ２０２４年２月18日中國新聞「[イチからわかる]　マーシャル諸島の被曝　米国が支配　核実験繰り返す『死の灰』被害、補償行き渡らず」ヒロシマ平和メディアセンター
https://www.hiroshimapeacemedia.jp/?p=139407

4 田中利幸、ピーター・カズニック著『原発とヒロシマ「原子力平和利用」の真相』（岩波書店）

5 ２０１１年７月19日中國新聞「『フクシマとヒロシマ』第３部『平和利用』被爆地を一翼」
https://www.hiroshimapeasemedia.jp/?p=28372&query=p

6 ２０１４年10月18日ＮＨＫ　ＥＴＶ特集「ヒロシマ　爆心地の原子力平和利用博覧会」
https://www.nhk.or.jp/etv21c/file/2014/1018.html

7 電気事業連合会「原子燃料サイクルのメリット」
https://www.fepc.or.jp/smp/nuclear/cycle/about/advantage/index.html

8 ２０００年５月18日中國新聞「大地覆う放射能の恐怖　米・ニューメキシコ州ナバホ先住民居留地　健康被害、拡大の一途」
https://www.hiroshimapeacemedia.jp/?p=116641

9 田城明著『現地ルポ　核超大国を歩く——アメリカ、ロシア、旧ソ連』（岩波書店）

10 ２０２４年３月15日、日本経済新聞「レーザー核融合『30年代に発電実証』先行の米国立研」
https://www.nikkei.com/article/DGXZQOUC059ZG0V00C24A3000000/

7章

1 LUKE RITTER「Mothers against the Bomb The Baby Tooth Survey and the Nuclear Test Ban Movement in St. Louis, 1954-1969」

2 ２０２４年12月17日共同通信「原発『依存度低減』削除へ　次期エネルギー基本計画」

3 ２０２４年９月21日ＮＨＫ「米スリーマイル島原発　再稼働させマイクロソフトに電力供給へ」
https://www3.nhk.or.jp/news/html/20240921/k10014587861000.html

4　ハーヴィ・ワッサーマン、ノーマン・ソロモン、ロバート・アルヴァレズ、エレノア・ウォルターズ著、茂木正子訳『被曝国アメリカ―放射線災害の恐るべき実態―』（早川書房）

エピローグ

1　SENATE SUBCOMMITTEE ON HEALTH & SCIENTIFIC RESEARCH SENATE COMMITTEE ON THE JUDICIARY HOUSE SUBCOMMITTEE ON OVERSIGHT AND INVESTIGATIONS AT'HEARINGS IN Salt Lake City, Utah April 19, 1979「FALLOUT FROM ABOVE-GROUND NUCLEAR TESTS AT THE NEVADA TEST SITE, 1951-1962」

構成・文　村田くみ
写真撮影・提供　伊東英朗
英文ロゴデザイン（表紙）　浅野祥子

伊東英朗
（いとう　ひであき）

1960年愛媛県生まれ。ドキュメンタリー映画監督／テレビディレクター。幼稚園教諭から2000年、テレビの世界に転じ、ドキュメンタリーを中心とした番組制作を行う。‘04年、太平洋マグロ漁場で行われた核実験による被ばく事件の取材を開始。以降、毎年同テーマで番組制作を行う。‘12年、‘15年、映画「X年後」シリーズを劇場公開。‘23年、映画「SILENT FALLOUT」を製作。国際ウラン映画祭（観客）、ハンプトン国際映画祭、セントルイス国際映画祭など、28の海外映画祭で評価される。第71回芸術選奨文部科学大臣賞、日本記者クラブ賞特別賞、ギャラクシー賞大賞、日本民間放送連盟賞最優秀賞などを受賞。著書に『放射線を浴びたX年後』（講談社）がある。

サイレント・フォールアウト
アメリカ核実験を止めた女性たちとその真実

二〇二五年四月二〇日　初版印刷
二〇二五年四月三〇日　初版発行

著　者――伊東英朗
装　丁――坂野公一＋吉田友美（welle design）
発行者――小野寺優
発行所――株式会社河出書房新社
〒一六二－八五四四
東京都新宿区東五軒町二－一三
電　話――〇三－三四〇四－一二〇一［営業］
〇三－三四〇四－八六一一［編集］
https://www.kawade.co.jp/
組　版――KAWADE DTP WORKS
印　刷――精文堂印刷株式会社
製　本――大口製本印刷株式会社

ISBN978-4-309-03956-5
Printed in Japan